写书
深更精彩

阅读孙犁

走近中学语文课本里的作家

阎庆生◎著

南京大学出版社

《走近中学语文课本里的作家》
丛书编委会

主任 孙芳铭（江苏省名师 语文特级教师）

编委 包旭东　田　刚　朱　刚

　　　　阎　琦　阎庆生　魏荣葆

与智者行　必得智慧

代前言

　　一部传记就是一部灵魂史，它记录了传主的生活历程和生命轨迹。在我国几千年的浩瀚历史长河中，孕育了许多不同类型的伟大人物，他们推动着历史向前发展。特别是那些名垂史册的文学家，他们的文字演化为民族的珍贵财富，而他们的生命体验、思想情怀和人格魅力，总能让我们深受感染，引发我们的情感共鸣和无尽思索。

　　我们提倡青少年读文学家传记，是因为惟其如此，我们才有可能更好地理解作品、欣赏作品。"知人论世"是中国古代文论的一种观念，是中国传统的文学批评的原则和方法。出自《孟子·万章下》："颂其诗，读其书，不知其人，可乎？是以论其世也，是尚友也。"这句话的意思是，要理解作品，一定要对作者和作者所处的时代有所了解，这样才能与古人为友。孟子认为，文学作品和作家本人的生活经历、思想历程以及时代背景有着极为密切的关系，因此只有知其人、论其世，才能比较客观地把握文学作品的思想内容，感受作品的深刻意蕴。这种鉴赏作品的观念对后代的文学鉴赏产生了深远的影响。清代章学诚在《文史通义·文德》中说："不知古人之世，不可妄论古人之辞也。知其世矣，不知古人之身处，亦不可以遽论其文也。"意思是说，不知道古人所处的时代，不可以妄加评论古人的文章；不知道古人身处的环境，也不可以仓促地评论古人的文章。知人论世，就是指我们阅读作品，需要了解作家所处的时代背景、生活环境，了解作家在经历重大事件时所联系密切的人物，了解作家的思想性格、心路历程。

比如，我们欣赏苏轼的名作《念奴娇·赤壁怀古》，对于全词最后一句"人生如梦，一尊还酹江月"如何理解？这个问题，仅仅阅读词作，是无法找到一个合理的解释的。也许苏轼比较达观，善于自我宽慰；也许苏轼愤懑消沉，只好寄情山水。如果我们了解苏轼的生平经历，了解苏轼创作这首词的时代背景，我们就容易理解这句话所蕴涵的人生感喟。《念奴娇·赤壁怀古》是苏轼因"乌台诗案"而被贬黄州时游赤壁所作，当时作者47岁，自觉青春已逝功名未就，于是就借三国英雄周瑜的年少得意和丰功伟绩来感叹自身的失意，抒写了胸中的怨愤。所以词作最后一句，诗人以酒祭奠江月反映理想与现实的矛盾，是诗人仕途坎坷、壮志难酬的悲愤感慨和精神苦闷的诗意表达。但同时在自慰自解中，也激荡着一腔追慕豪杰、渴望建功立业的豪迈之情。

读优秀的文学家传记的同时，我们也是在学习写作。学习传记作者"文真事核"的研究精神，学习传记作者"不虚美，不隐恶"的写作态度，学习传记作者选材剪裁的文法结构，学习传记作者刻画人物形象的生动技法，学习传记作者议论记事"寓褒贬于记述之中"的独特功夫。

潜心读一部好的文学家传记就如同与文学家进行一次心灵对话和思想交锋。优秀的文学家传记作品具有无可替代的审美意义和教育价值，处于人生观、世界观形成阶段的青少年应该读一读文学家传记。阅读文学家传记，我们可以回溯他们的生命历程，走进他们的情感世界，我们可以在与文学家的真情对话中体味人生真谛，提升自我的思想境界，从而引导我们对人生、对历史做出更广阔更深刻的思考。

从阅读规律上看，青少年对于小说等虚构类文学的兴趣会比较浓厚，随着成长，阅读兴趣将转向传记等

非虚构作品，在青少年的精神断奶期，恰恰需要传记作品的那种直面苦难的精神和闪烁哲理的思辨。从这个角度来说，传记作品是青少年的精神钙片，能够阅读传记、喜欢阅读传记可以视做青少年思想成长趋于成熟的标志。

我们这套"走进中学语文课本里的作家"丛书，倾注了一大批著名教授专家的心血。每一位作者，都是活跃在当前学术论坛的领军人物。他们能俯下身子给我们青少年写书，实在是青少年之幸、国家之幸。

布鲁克说："能与现代人同行是好的，若能与过去有智慧的伟人同行也是有益的，这能使我们不受短暂生命的影响，只看生命中失意、绝望的地方。使我们走在人生路径上，有前例可循，也使我们不断地学习谦卑，不断得到启发。"希望青少年读者珍惜大学者的馈赠，能够自主阅读、喜爱阅读、真诚阅读、智慧阅读，发掘伟大文学家以及传记作者留给我们的无限宝藏。

编　者

2011 年 6 月

微笑的孙犁

見忠同志：

摄来华君又长的致谢、

已把报社寄上无为伴一册共他书手亦无

而尽嘱⋯⋯字我亦不全写字

所作笔、我身老身病此⋯能少作。

对展寒老老诸友珍重摄加勉。

礼

近安

孙犁

十月十书

孙犁手迹

目　录

走近孙犁

走进作品

名家视角

孙犁简谱

走近孙犁

一、苦乐参半的童年

1913 年旧历四月初六（公历 1913 年 5 月 11 日），孙犁出生于河北省安平县东辽城村。几声啼哭，一位未来的文学大家向人间报到。

安平县位于冀中平原，在有名的滹沱河的下游。孙犁与其他河北作家所写的抗日小说中，经常描写到这条河流。滹沱河发源于山西省繁峙县五台山北麓，穿越太行山东流入河北平原；它从西向东，横贯安平全县境域，在县境共 30 多公里。它从东辽城村北流过。孙犁在长篇小说《风云初记》中多次写到滹沱河，对它印象很深。晚年，孙犁深情地回忆道："童年，我在这里，看到了雁群，看到了鹭鸶，看到了对艚大船上的船夫船

妇,看到了纤夫,带来了新鲜奇异的生活感受,彼此共同的辛酸苦辣的生活感受。"

安平县位于北京、天津、石家庄大三角之内,在石家庄东边偏北方向。安平县历史上的名人不少,如东汉的文学家崔骃、书法家崔瑗、政论家崔寔,唐初的史学家李百药;至于抗日战争时期这个县涌现的抗日英雄,那就更是说不尽了。安平县以金属为原料生产丝网,已有几百年的历史,现在仍被国内外誉为"中国丝网之乡"。

东辽城村在县城西 18 里处,是一个偏僻的村子。村里有一百多户人家。孙犁上有兄姊五人,都夭折了,仅有孙犁存活;所以双亲对孙犁格外爱护,悉心抚养。婴儿出生后,母亲无奶,无计可施,只好把馍馍弄碎,煮成粥状,然后一口一口喂到嘴里。他体弱多病,患有"惊风疾"。母亲终年为他烧香许愿,并经常请一位邻居老奶奶给他按摩腹部以助消化。这一病症,延续时间比较长。后来孙犁由叔父骑驴带到伍仁桥,请人针刺手腕治病,连续三年,至 10 多岁才治愈。

孙犁的父亲孙墨池亦农亦商,粗通文化(字写得不错,也收藏字画),为人有些儒雅,也很懂礼貌。他非常重视孩子的教育。他本来在外边当学徒,后来当上了掌柜，吃上了劳力股份，在务农之外兼搞运输，日子有了起色。孙犁虚岁7岁上了本村的初小。当时已废止私塾，改成了"洋学堂"；在教学内容上，不再念四书，改用新式课本。学校无正式校舍，借村人闲院闲房加以整修使用。校内功课以习字和作文为主，练习的是中国传统文化最初的基本功。父亲曾请人为祖父撰写碑文，请老师教孙犁背诵。正因为有一点文化，又常年在外面跑生意而开阔了眼界，故而父亲从一开始就十分细心地关注孙犁的学业。虽然他自己并不能给孩子教什么，但思想上不同寻常的重视，这一点对未来孙犁的成长是很重要的。

孙犁天资聪颖，又很好学。他从不迟到早退，上学风雨无阻。那时晚上上自习，冬天是很冷的，孙犁总能够坚持下来。他的学习成绩很好，受到了老师的表扬与鼓励。在性格上，孙犁自小无形中接受了父母亲的陶染。父亲为人精明恭谨，对人友好慈善。春秋两季，母亲像发了疯似的在地里劳动，经常用一些口号（如"争秋夺麦！"）来鼓舞家人。母亲异常勤劳这一点，对孙犁成年以后的勤奋写作（"孙犁"是他的笔名，还有"耕堂""纵耕"等同类意义的几个笔名），看来有着潜在的影响。家境小康以后，孙犁的母亲"乐善好施"，

"尽力周济孤寒"。她的个性也是很坚强的,她有两句家训孙犁到老年还一直记着:"饿死不做贼,屈死不告状。"很重要的一点是,母亲的语言对孙犁的影响很大。他后来说:"我的语言,像吸吮乳汁一样,最早得自母亲。母亲的语言,对我的文学创作,影响最大。母亲的故去,我的语言的乳汁,几乎断绝。"(他又说,少年结发的妻子之语言,是他的第二个语言源泉。)据此,立志从事文学的青少年,一定要从小注意从家庭成员,特别是母亲那里汲取语言营养。

孙犁的乳名是振海,上学后家里给他起了学名树勋——都是希望他成材的意思。

孙犁的童年,既经历了艰难的乡村生活,又体味到了童年的欢乐。孙犁出生后,虽说家境较好,但是整个农村还是相当贫困落后。由于滹沱河两岸树木很少,导致了孙犁家乡一带经常因旱涝绝收。1979 年,孙犁回忆这方面的情况,在一篇题为《度春荒》的散文里写道:"在我幼年时,每年春季,粮食很缺,普通人家都要吃野菜树叶。"初春,孩子们带着一把小刀,提着小篮,成群结队地去野外寻觅剜取一种叫老鸹锦的野菜幼苗。他说在大荒之年,自己还吃过杨花,"这种东西,是不得已而吃之,并且很费事,要用水浸好几遍,再上锅蒸,味道很难闻"。那时,无数的孩子为饥饿所折磨,普通人家的生存很是艰难。

有一件童年时代的事,一直深深地刻在孙犁的心里。那时他 10 岁,还在村里上小学,因为农村文化落后,书籍很少,更没人愿花钱买小说这类"闲书"。他只能在庙会上看到一些最普及的廉价本子,如《三字经》《玉匣记》。买一部小说,要花费全家一两天的饭钱。孙犁的家境虽说宽裕一点,也不能随便买书——连他那时上学的课本,有的还是母亲求人抄写的。在此情况下,他们村子东头的刘四喜把《红楼梦》借给孙犁看,这很值得幼年的孙犁欣喜若狂了。这位刘四喜,无正当职业,从关东回来后,就在集市上帮别人卖肉。一天傍晚他醉酒后,持刀回村。路遇一个骑自行车的人,他抢人家的车子,挥刀扬言:"不给,我砍了你!"对方报案事发后,正逢整顿治安,县长不分青红皂白,就把他枪毙,作为成绩上报了。他家里人也不去营救,也不收尸。孙犁晚年写道:"在我的童年时代,是和小小的书本同时,痛苦地看到了严酷的生活本身。"这一事件,对孙犁来说,非常重要。它显示了孙犁儿时对生活有着非一般小孩子能及的认识潜能!鲁迅在 13 岁时,遭逢祖父的"科场案",家境由小康下降为"困顿"而被亲戚视为"乞食者"，这使他深切地"看见了世人的真面目"！众所周知，鲁迅后来成为思想家与他少年时代的这一段经历有着深刻的内在联系——潜在的思想早熟的幼芽在萌发、在滋长；而孙犁的上述情况，不能说与他成年后慢慢具备了一个思想家的素质没有一丝一毫的关系。这件小事，应该说是孙犁小时肯思索、善观察的一个显例。

出于爱美的天性，旧时代农村儿童在经受苦难的同时，也会以儿童特有的眼光对生活中一些美好的事物、场景作出反应，留下难以磨灭的记忆。天空，大地，河流，树木，花鸟，季节变化，还有某些人文景观、生活景象，都会给儿童带来融入了惊异感的审美愉悦。而对物质生活的贫困、社会的混乱、灾荒的危害这些由成年人承担的事情，儿童是感受不深的。童年的孙犁，对美的感受能力是敏锐的，细致的；这一点，给他的童年带来了许多欢乐。他经常和伙伴在田野上游玩。他们在野外挖菜，拔草，有时还捕捉小鱼眼、黄雀等小鸟，布下罗网捕捉红靛。更有趣的是孩子们一起用秫秆、豆叶当燃料，像过家家一样进行野炊。孙犁聪颖的天性，使他更为细致地观察各种庄稼、花鸟的特性。他能叫出许多小鸟的名字，而捕鸟几乎成了他的一种嗜

好。他成为作家后，在《铁木前传》等作品中，就生动地描写过孩子们的捕鸟。而写于 1962 年的名篇《黄鹂》，活灵活现地描绘了黄鹂这种鸟儿。进城以后，孙犁在庭院里养花养鸟出了名（"文革"中成为"罪状"），这种爱好与特长自然与他童年的经历有关。不消说，自然美在无形中滋润着这位未来作家的幼小心灵。

农村文化生活虽然贫乏，但民间文艺还是有市场的，对儿童是有着强烈的吸引力的。

听评书是孙犁幼时的一大爱好与乐趣。农闲时节，本村的土艺人或者外来的业余艺人，就给村里人讲民间评书。往往是晚饭一过，人们就聚集到一起，听艺人讲《七侠五义》《呼家将》一类"演义"，或者讲听来的故事。有时单讲，有时还伴有"弹弦"之类的乐器。只要有这种活动，少年孙犁总是每场必到，听得入迷。演出有时在大门口，有时在村街的碾盘旁边。

看戏是另一种民间文艺活动。小时的孙犁，就是一个小戏迷。农村习惯，小康之家遇丧事，必请小戏一台。演员并不化装，一人演几个角色，并且手中不离乐器。"有人来吊孝，则停戏奏哀乐。男女围观，灵前有戚戚之容，戏前有欢乐之意。"孙犁幼时到底看过多少场这样的小戏，谁也说不清。而大戏，则是为谢雨而演出的,时间多在秋前秋后。请来有名的戏班,在村中搭好照棚戏台,一般是连演三天三夜。这场大戏被看做是"村中的大典",也是孩子们最欢乐的节日。到老年,孙犁还记着幼时听到的一个民谣:"新年到,搭戏台,先生(学校老师)走,媳妇来;新年过,戏台拆,媳妇走,先生来。"另外,每年的庙会上,也有戏剧演出,以及其他娱乐活动,譬如"拉洋片"。

像所有的农村儿童一样,孙犁对过年怀着浓厚的兴趣。1990年,孙犁在散文《记春节》中写道:"如果说,我也有欢乐的时候,那就是童年。而童年最欢乐的时候,莫过于春节。贴春联,树天灯,搭神棚,向天地三界万方真神祈求其'保佑全家平安'……最后是放鞭炮,春节的欢乐达到高潮。"他到了老年时还记着儿时春节各种活动的生动细节,可见他对过年的喜爱之情。不过,幼时就具有敏感气质的孙犁,能够从细微的生活场景中,体味出一般儿童未必能觉察出的审美愉悦。刚入小学那一年冬,孙犁还上了夜学。父亲给他买了一盏小玻璃煤油灯,他打着这盏灯在黑暗中往家里走。灯焰在暗夜中一晃一晃,路上寂静,孙犁觉得"提灯甚乐"——这实际上是他作为儿童对在夜色中提灯行路的一种朦胧的审美体验,里边渗透着童心童趣。美在瞬间,美有别致,童心是与之相通的。

儿童养蚕,也是一件趣事。孙犁的家乡桑树很少,每年春季,它吐的桑叶很小,只有铜钱那么大。晚年孙犁对养蚕有所回忆:

养蚕的心,是很虔诚的,小盒子铺垫得温暖而干净。每天清晨,一起来就往地里跑,有时跑得很远,把桑坡上好不容易长出来的几片新叶采回来,盖在小蚕身上,把多余的桑叶,洒上点水,放在一边储存。

——《蚕桑之事》

令孩子们伤心的是,蚕儿刚刚长大一点,正需要更多的桑叶时,往往就"绝粮"了,只好给它们喂榆叶。蚕儿不爱吃榆叶,许多蚕儿就饿死了。孙犁曾和一个远房的妹妹一同养蚕。他们的蚕儿放在一起。"她答应我,她的蚕结的绵,也铺在我的墨盒里。她虽不念书,也知道,写好了字,做好了文章,就是我的锦绣前程。"结果他们的蚕儿吐的丝绵,装不满墨盒。到晚年孙犁对此事记忆犹新,觉得远房妹妹给自己的那一片片小小的丝绵,代表了天真无邪的情意。但小时的养蚕,是一个只有开端和序曲的美丽的梦。12岁上,孙犁赴外地求学,他养蚕的美梦也就残破了。留在心里的,只是对童年苦乐参半的经历的淡淡记忆,和对人生的惆怅。他晚年写了不少回忆童年生活的散文,淡远隽永,充满了对人生的感慨,很是值得一读。

确实,孙犁童年生活的总体特点是"苦乐参半"。灾荒与苦难在孙犁的心头刻下了深深的印痕,许多人物的悲剧命运在他生命的长途上,不断地被回味、体悟——这对他直到晚年还非常关切农民命运起了隐性的奠基作用。在这一点上,他与鲁迅的情况有所不同,但也有某些相通之处。离开了对农民命运的关切,一个中国作家要取得大的成就,并在思想上达到相当的高度,几乎是不可能的。孙犁晚年,时常怀念家乡的故土。"梦中每迷还乡路,愈知晚途念桑梓"是他的两句诗。童年时代,孙犁的欢乐主要来自民间的文化娱乐活动,也得之于他幼小的心灵对乡间、身边美好事物的观察与体验。上面提到的过年、看戏、听说书、看画片、看拉洋片、养蚕等事,都为小小孙犁提供了不可或缺的艺术土壤,无形中培养了这位未来作家潜在的感知、记忆、情感、想象方面的能力以及初级的审美趣味。

二、在外求学的岁月

1924 年，孙犁从本村初小毕业。他父亲听了县邮政局长的话，决定让孩子走继续上学的路，以便将来考邮政，认为那是铁饭碗。于是，这一年，孙犁跟随父亲到安国县上高级小学。两地相距 60 里，一路骑的是驴。那年代教育十分落后，高小很少。着眼孩子前途，跨县上学，说明了孙犁父亲毕竟与普通农民的眼光不一样。

这安国县是全国有名的"药都"，街道上弥漫着浓重的中草药味。该县的教育比相邻其他县要发达一些。那时全国教育层次低，小学分初小与高小两个阶段就是一个表征。且不说 20 世纪 20 年代，就是 1949 年以后，农村在几年内，高小毕业生也并不多见。所以孙犁在安国上高小,对个人与家庭来说,都是一件大事。

小学借用文庙旧址,办学条件还不错。据孙犁回忆,阅览室里订有一些新的刊物,如《学生杂志》《儿童世界》《妇女杂志》《教育杂志》,甚至于连高深的学术杂志《东方杂志》也订了。时在五四新文学运动后期,新文学作家的作品盛行,孙犁特别爱读文学研究会诸作家的作品。他如饥似渴地阅读叶绍钧、许地山等人的小说。文学研究会作为当时影响最大的文学团体,其创作宗旨是"为人生",体现了对社会问题的深切关怀,洋溢着人道主义感情。据孙犁回忆,他在中学所写的两篇小说也是同情社会下层民众(一为盲人,一为女戏子)的不幸开始的,这与他那时就接触文学研究会的作家作品,有着内在的精神联系。

孙犁的父亲在安国县开有店铺,可以就近照顾孩子。课外父亲给孙犁请了一位老秀才,讲授《古文释义》《诗韵合璧》一类旧书,孙犁对此不感兴趣。他所感兴趣的是读文学作品。孙犁借住的院子是胡姓的干爹(已故)的,住在一起的有孙犁的一位干姐。她长得秀美,聪明伶俐,在女子高校读书。为了照顾孙犁上学,父亲不久就把母亲和表姐也接来住。在这个院子里,孙犁注意到这位干姐喜欢看书,会刺绣和绘画。特别是她坐在院子里为孙犁表姐讲《红楼梦》的动人情景,给孙犁留下了难忘的印象(干姐婚后不久患肺病死去)。

孙犁学习是很用功的,有不懂的问题就向老师提出。有一回,姓刘的语文老师在课堂上让同学们提问,孙犁问"天真烂漫"这个词语是什么意思。这位被同学叫做"大鼻子刘"的老师,却只是笑笑。没有一字的答语,实在令小小的孙犁莫名其妙,一直到老年还记得此事。孙犁后来当了小学教师,才明白了这是一种滑头的办法。——可见人生许许多多的疑问,往往需要好多年才能得到应有的答案!

有一位写过孙犁传记的学者意外地发现,"这位曾因长于塑造妇女形象而称誉文坛的作家,原来从童年起就对他的一些小女伴怀有深刻而友善的印象。到现在为止,我们还没有在他的笔下看到这类小男伴。"这位学者想从曹雪芹在《红楼梦》第二回里说的"女儿是水做的骨肉"这句话里找到线索。他的思路是对的。不过孙犁晚年,对此作了直截了当的说明:"我以为女人比男人更乐观,而人生的悲欢离合,总是与她们有关,所以常常以崇拜的心情写到她们。"①他说自己与曹雪芹一样,认为女孩子的心中埋藏着人类原始的美德。除了"乐观"之外,孙犁还谈到过,女性处变不惊,也就是遇事冷静,有耐性。——孙犁的这一卓见,学界的留意者似不多。他写自己结发妻子的文字中,就有这方面的几个显例。

1926年高小毕业后,14岁的孙犁离开了安国,由父亲护送,来到保定考学。初考第二师范,未被录取;改考育德中学,考中。于是,他开始了在此6年"黄卷青灯"(孙犁语)的求学生活。

保定是我国北方一座有名的文化古城,也是省会所在地。整个城市萧条荒凉,气象衰败。在这里,孙犁上学先后7年(六年制,因想家休学1年),后来用"苦雨愁城"来概括他在此时此地的印象。晚年提到那时的保定,孙犁说:"这就是一座灰色的,没有声音的,窒息了的城市。城南那座曹锟花园,也没有几个游人的。"

保定育德中学在北方是与天津南开中学齐名的学

① 《孙犁选集·理论卷》,第517页。

校,两校在 1937 年以前并称全国重点中学。这一情况留下了"文南开,理育德""要爱国,上育德"的佳话。育德中学创办于 1907 年,创办人是跟随过孙中山先生的陈幼云。学校不惜花重金礼聘名师,设备较好,教学质量高,毕业人数多。它的毕业生成为天津北洋大学的一个主要生源。例如 1927 年,北洋大学招考 120人,育德学生就考中了 30 人!同时,学校不惜工本,培养运动员,以至北平师范大学体育系,每期差不多由它包揽了。因此,能在这样的全国名校就读,对孙犁在学业上的发展、眼界的开阔、综合素质的提高,以至将来成为一名作家,具有非常重要的意义。

孙犁在这个学校的学习生活是丰富多彩的。上课,阅读,写小说和剧本,有一段时间还在一所小学兼课。"苦雨愁城"带来了精神上的苦闷,而社会的剧烈变动与读书的深入,则使他思想上产生了"朦胧的觉醒"①。休学一年后,孙犁于 1928 年暑假后复学;他在保定的大小书店里看到了各种马克思主义著作与五四新文学作品大量出售,价钱也不贵。在这种政治文化气氛下,孙犁读了一些马克思主义著作,如《费尔巴哈

① 《善闇室纪年摘抄》,见《陌巷集》。

论》《唯物论与经验批判论》等，偏重于哲学方面。另外还读过苏联和日本学者所撰写的经济学教程之类的著作。不能高估这些阅读的效果，但它们确实使孙犁对马克思主义理论有了粗浅的了解。在文艺理论方面，孙犁读了鲁迅翻译的普列汉诺夫的《艺术论》和卢那察尔斯基的《文艺政策》等。孙犁后来回忆说：由于有马列主义哲学著作的引导，"我进一步读了无产阶级的文学理论。这些理论，使我接触到比那些经典的哲学著作更为实际的革命的内容。我读起来也觉得好懂些，更有兴味"①。——这一叙述，使我们看到了中学时期的孙犁，他的读书是有层次的，是善于通过比较选择更为切近自己的阅读兴趣的门类的书的。孙犁所在的育德中学，初中四年，高中两年。孙犁初中毕业后，进入高中普通科第一部（类似文科）。其实，他在初中时，就把主要兴趣放在文科尤其是文学方面。

对中国古代文学、现代文学作品，孙犁也是不倦地阅读。先秦诸子的散文，《楚辞》，历代诗词都在国文课教材里占有很大比重。令人惊异的是，初中时，一位

① 《在苏联文学艺术的园林里》，《孙犁文集》（第四卷），第450页。

谢老师就给同学们讲解深奥的《庄子》。据孙犁回忆，谢老师给他们讲过《逍遥游》《天下篇》《胠箧》等篇。孙犁后来说他对于《庄子》稍能通解，这显然与他中学时代学习过《庄子》有关。孙犁说，当时他所喜欢的是词，如《南唐二主词》《漱玉词》《苏辛词》等。——从这些地方似乎可以约略看出，暗暗结胎于孙犁文学心中的，恐怕是带有阴柔趋向的审美趣味。爱好时有变化（自谓对词的爱好被革命文学的潮流所冲扫），风格也时有演变，但这一"底色"于孙犁是很难消解的。

在现代文学方面，孙犁仍喜欢读鲁迅和文学研究会一些作家的作品。他读的杂志包括《小说月报》《现代》《北斗》等文学刊物，还有一些学术杂志。报纸的阅读重点是天津的《大公报》和上海的《申报》。《申报》的副刊《自由谈》上面常登载鲁迅、茅盾等著名作家的文章。他那时就能仔细分辨出鲁迅不断变化的笔名，从鲁迅杂文里汲取了不少思想营养，终生受用无穷。鲁迅的一些杂文，孙犁看后竟能背下来。

在高中时，茅盾的巨著《子夜》已出版。孙犁借读了，并写了一篇书评，寄给开明书店办的《中学生》，被刊于增刊号上。他用所得的两元钱的书券买了一本《子夜》。

课内课外,孙犁将很大的心力用在了文学上。除了读作品,他还动手练习写文学作品。教孙犁那个班国文的是谢采江老师。他是一位诗人,对作文极为重视。好的作文,他会推荐到校刊《育德月刊》上发表。初中时,孙犁的两篇小说在校刊上先后发表。一篇是写一家盲人的不幸的,另一篇是写一个女戏子的不幸的。孙犁从1929年起在校刊上发表习作。晚年,孙犁说:"我的作品,从同情和怜悯开始,这是值得自己纪念的。"[①]这实际上是对自己习作所包含的人道主义精神的肯定。在《育德月刊》上,孙犁还发表过以韩国志士谋取解放为题材的剧本。

与一些爱好文学,埋头写作而偏废其他课程,甚至于连文科的知识都不愿学习的中学生不同,孙犁在文科范围内,学习的方面是很宽的。当时开的课程有:中国文化史、欧洲文学思潮史、名学纲要、社会科学概论、科学概论、生物学精义等。通过这些课程的学习,孙犁"知识大进"。课程之外,除了对哲学、文艺理论的自修,对文学作品的阅读,他还认真地研读了现在看来是硕士生才读的一些学术著作,如《独秀文存》《胡

---

① 《孙犁选集·理论卷》,《答吴泰昌》,第485页。

适文存》《中国文化史》(杨东莼著)《中国哲学史》(冯友兰著)《白话文学史》(胡适著)《欧洲文学史》(周作人著)《修辞学发凡》(陈望道著)《词诠》(杨树达著)，还有日本汉学家盐谷温、青木正儿等人关于中国文学的著作，英国哲学家、逻辑学家穆勒的《名学纲要》的中译本。凡此等等，都是公认的学术名著，涵盖了文科的不少学科及其分支。从中可以看出，中学时代的孙犁，读书范围之广，层次之高，用心之专，为当时和今天的许多中学生所望尘莫及，而其存志之高远，更是灼然可见的。

根深才能叶茂，源远才能流长。当代有志于文学的中学生，从孙犁中学时代学习生活的状况中，可以得到一些借鉴。

按照当时农村早婚的习惯，孙犁于 1927 年经媒人介绍，与本县黄城一位姓王的女子订婚，1929 年结婚。那是一个带有偶然机缘、"天作之合"的浪漫故事。孙犁当时还在初中读书。女方比孙犁大三四岁，不识字。婚后，孙犁曾教妻子认字。在那段艰苦的岁月里，他们夫妇两人，一在外求学、抗日，一主内照顾全家老小，共同走过了与民族共命运的征途。照实说，孙犁与这位结发妻子是有感情的,并没有经历过上一辈一些五四作家所经受的旧式婚姻的苦涩与悲哀。他的妻子王小丽于 1970 年去世,他在新时期写了著名的散文《亡人逸事》(现选入中学语文课本),怀念他的这位结发妻子。孙犁的一生,在个人感情上,有过起伏跌宕,这都是各种主客观情况所决定的。

　　随着高中毕业,孙犁告别了他那值得珍惜的在外求学生涯。

三、初出茅庐
——在北平与白洋淀

1933年高中毕业后，年已整整20岁的孙犁，因家里无力支持他上大学，便怀抱幻想，来到北平求发展。他的那位同学张砚方上了中国大学。他俩住在天仙庵公寓。

藏在心里深层的念头是：来到北平，以文为生。这一想法，建立在自己的兴趣和在中学的写作成绩的基础之上。人在青少年时代，总会产生美好的追求，编织彩色的花环。

最初，孙犁没有工作，过着想象中的"作家"的生活：逛书店，到图书馆读书，到大学听课；再就是写小说、诗歌、剧评和其他文艺评论，四处投稿。他想在这一种状况下，开创自己的文学事业。实际上，任何时代的青年学生，当他们走出校门、投向社会之际，没有不抱热切的幻想的；而当其真正进入了社会，才可能慢慢地对先前陌生的、隔膜的社会有所认识。碰过大大小小的钉子，见识了形形色色的人物与社会场景，他们才会体悟出社会与人生的况味。社会是没有围墙的大学，是一本打开了的大书。孙犁固然抱着鸿鹄之志，但是北平并没有为他准备祥云和风。

投出的稿件，绝大多数没有被采用。于是，生计成了大问题。要家里接济，是他所说不出口且不愿意做的。先是考北平邮政总局，没想到英语会话卡了他的壳。接着，父亲托人在市政府给他谋了个小职员的位置。专事抄写，是一种雇员，随时可以解职的，每月有20元薪金。在这里，孙犁目睹了当日旧官场、旧衙门的腐败景象，出于不愿同流合污的动机，他很快离开了。失业后回乡一段时间，还是托了熟人，孙犁得以进了北平象鼻子中坑小学当事务员，每月18元薪金。这个小学的教学管理比较混乱，人员复杂，只有个别的教职员可以来往。孙犁的工作任务是拿假单据做假账，他对面临的工作与环境是"绝望"的。后来，他沉迷于别人讲述的济南的"泉柳之美",幻想到那里去,但因无路费,便在辞职后,带着节衣缩食买来的一柳条书箱回家乡去了。

晚年,孙犁在一些回忆往事的散文中,写到了他在北平的这一段经历。留在记忆里的,是荒凉和寂寞,是一些人物令人不痛快的面影。当然,生活中总是有善良与美好的事物,但在那黑暗年月里,这种正面的事物,也仅仅只能留下淡淡的踪影。

在北平,孙犁不管是在职,还是失业,总没有忘记买书与读书。他经常到书店和旧书摊上徜徉,阮郎羞涩,也要寻觅好书,翻翻捡捡,一饱眼福。在象鼻子中坑小学时,"每月 18 元,要交 6 元伙食费,剩下的钱再买些书,我的生活,可以算是很清苦了。床铺上连枕头也没有,冬天枕衣包,夏天枕棉裤。赵松曾送我两句诗,其中一句是'可怜年年枕棉裤'"[1]。在那种极为寂寞和清苦的日子里,孙犁"还是买些文艺书籍来读";相反,那些月薪 40 元的教员,没有一个人读书。

孙犁经常到图书馆看书。每天下班后,他在几个

---

[1] 《孙犁文集》五,第 15 页。

旧书摊上转悠,有时也买一两本带回。北新桥、西单商场、西四牌、宣武门外、东安市场等处的旧书摊,是他经常逛的地方。一次他花两角钱买了一本鲁迅编的《译文》。到晚年,孙犁还记得,那时在北平,所购完全是革命的书刊。他买过6期《文学月报》,5期《北斗》杂志,还有其他一些革命文艺期刊,如《奔流》《萌芽》《拓荒者》《世界文化》等。其中,大部分是"左联"所编的刊物。有时,孙犁会带着这些刊物"上衙门",科里那些混饭吃的人,也不过问。有时,孙犁不避人,还把书本摆在办公桌上看。一次,孙犁在写假条时把属于应用文的程式弄错了,他们科里的一位股长数次拿这件事取笑孙犁。当时孙犁"血气方刚,正是一语不合拔剑而起的时候,更何况初入社会,就到了这样一个地方,满腹怨气,无处发作",就当场把那位股长"痛骂了一顿"。不久,他被免职,失业了。一位同时被免职的人,不解地问孙犁对此事怎么一点也不在乎。孙犁没有回答。他想说:我的精神支柱是书本;虽然精神支柱也不可靠,但这个职位实在不值得留恋。再说,回老家是有粥喝的。那一回,孙犁用最后一次薪金高高兴兴地买了一本鲁迅先生翻译的名著《死魂灵》。第二天,孙犁夹着这本书,去距北平五六十里路的黑龙潭看望一位中学同学，受到热情接待，住了两天。那时，正是深秋时节，黄叶飘落，潭水清冷，孙犁不断想起曹雪芹在这一带著书的情景……可以看出，不管是上学，还是在北平流浪，孙犁作为一个地地道道的读书人，他的感情，他的灵魂，是紧紧地和作为精神食粮的书籍联系在一起的。

小时候，家里人说孙犁是"书呆子"，周围的人也这样看他。后来的事实证明，孙犁确实是爱了一辈子书。在一篇意味深长的《书箴》中，他把自己与宋代非常爱书的司马光相提并论，充分表达了自己对书籍的无限热爱。孙犁虽拙于世务，但他对社会人生、历史文化的大道理，是独具只眼、探究很深的。博览群书，博取众长，尊崇鲁迅与五四，肯于独立思考，看取人生真相——这是他得以免于陷入"书呆子"传统怪圈，而能登上时代思想文化高处的几个重要原因。当然，这是后话了。

还应提到，孙犁在北平流浪的那些日子里，对看戏是很倾心的。童年的时候，乡下的戏班已经有了坤角，他觉得她们的演出，确是引人入迷的。12 岁的时候，父亲给他买了一本《京剧大观》，使他对京剧有了一些常识。及长，他认为演员的生活，演员的艺术，神秘无比。他在一篇散文里说："对话剧、电影演员，倒没有什么，特别羡慕京剧演员，尤其是女演员。"①在北平时，他的想法是："到了北平，如果不看戏，那不是大煞风景吗？"因此，他每一礼拜必定看一次京戏。孙犁在东安市场的吉祥剧场看过无数次的戏。中华戏剧学校这个科班"德和金玉"四班学生，他都看过。每次散戏出场，他都恋恋不舍。看到大门口专为接送演员的、那时还很少见到的华贵排场的大轿车，对于演员这一行，孙犁尤其感到羡慕不已了。这种情怀，实际上是一种艺术情结。它一经形成，便产生着强大的内驱力，使他在可能情况下，趋向于自己喜爱的艺术门类。他那一代作家群，有一些人（如李季）是知道孙犁会唱京剧的。孙犁在《戏的续梦》一文里说："我在流浪时，从军时，一个人苦闷或悲愤，徘徊或跋涉时，我都喊过几句京戏。"

在市政府被免职后，孙犁回老家乡居一段时间。这段时间在他任北平象鼻子中坑小学职员之前，是两次任职之间的空当。在外面看报看惯了，他想订一份报纸看看。他在保定和北平看的都是有名的《大公

---

① 《戏的续梦》，《孙犁选集·散文卷》，第201页。

报》。孙犁认为这是一份严肃的报纸，是一些有学问的、有事业心的人编辑的报纸。至于当时一些政客们办的《益世报》《庸报》之类的报纸，他是不屑一顾的。他欣赏这份报纸有名的社论和长江等人写的通讯，还有赵望云的风俗画；而最吸引他的还是那受到普遍赞誉、由沈从文等编辑的副刊，那里经常刊登青年作家的小说和散文。孙犁也有继续给这个副刊投稿的念头。孙犁手中无钱，先是向妻子要，妻子出于不理解和节俭的习惯，没有给他；最后，还是父亲爱子心切，拿粜了一斗麦子的钱给孙犁订了一个月的《大公报》。在孙犁，他对书籍、报章，"欣赏的起点很高"，"向来是取法乎上的"——这是青年孙犁的一个自觉的文化意识，对于今天处于知识爆炸时代的青年学子来说，不无重要的借鉴意义。那时，孙犁读了一个月的报纸，但他投的稿子并没有登出来。夏天，他们夫妇住的屋子裱糊过的壁纸因潮湿脱落了，他们就用那些报纸把屋子糊了一下。孙犁在后来所写的散文《报纸的故事》中回忆道："这样，在天气晴朗，或是下雨刮风不能出门的日子里，我就可以脱去鞋子，上到炕上，或仰或卧，或立或坐，重新阅读我所喜爱的文章了。"孙犁于文学阅读，其精神之专注，用心之细，由此可见一斑。

在北平第二次失业后，孙犁在两位大学同学那里各住了几天。"民以食为天"，孙犁感到了在外流浪最大的威胁——饥饿，初次尝到了人生的苦难之味。于是，他就写了一首诗，投给《大公报》的《小公园》副刊。写的是：我要离开这个大城市，回到农村去了；因为我看到，在这里，是一部分人正在输血给另一部分人！诗作发表了，得稿费5角钱。

孙犁用以和北平这座城市"作别"的，不是轻轻的衣袖，而是一首血写的短诗！

他最初登上文学舞台"亮相"，就是庄重的，严肃的，透出一位具有良知的文学青年的刚正之气。

辞去象鼻子中坑小学职员之职后，孙犁又一次返回家乡闲住，度过了又一段苦闷的日子。像他这样不能适应旧礼教的青年，是不会受乡里欢迎的。1936年下半年，孙犁应中学同学黄振宗、侯士珍之邀，赴白洋淀岸边的同口镇（属安新县）小学教书。这两位同学当时是共产党员，在学校时，黄曾对孙犁提出应该如何读书，孙犁一直牢记在心。"读书要读名著，不要只读杂志报章，书本上的知识是完整的、系统的，而报章杂志上的文章，是零碎的、纷杂的。"这一劝告，孙犁"一直记在心中,受到益处"①。孙犁后来回忆说:"在同口教书时,小院危楼,校内寂无一人。莹莹灯光之下,一板床,床下一柳条箱。余据一破桌,摊书苦读,每至深夜,精神奋发,若有可为。"

白洋淀的自然风光异常美丽。淀水浩渺,芦苇丛丛,芦花乱飞,条条船儿在淀里往来如织。这里的人家,家家有船,女人都会编席子。村里到处都是芦堆。淀面,芦苇,水草,水鸟,冰床,苇席,鱼儿,荷花,菱角,划船的人,捕鱼的人,女人,儿童,席垛——这种种在四季里,构成了幅幅交织变幻的秀丽图景。孙犁曾在《白洋淀之曲》中纵情放歌:"人们在这里,靠着水生活,千百年来,谁不说这一带是水乡南国!"孙犁深深地爱上了这里的风物和人民。他时常从楼上的宿舍眺望淀里的秀美景色,看着远远近近上工收工的农民。他陶醉在一种令人悠然神往的诗意境界里。

虽然他细细地领略这水乡风光的工夫不太多——他是太忙了——但这一段的生活不仅使他对白洋淀地区农民的状况很熟悉,而且在审美心理上,不期然地遇到了一个最充分地在主客观之间对流、契合的审美对

① 《同口旧事》,《孙犁选集·散文卷》,第130页。

象。水的柔和、灵动与内在的坚韧,融化了此处的自然美与人性美,而其在美学上的指向则是——"优美"。在性别上,女性可以说是这种审美形态的代表或象征。德国著名哲学家康德就将女性叫做"优美的性别";而孙犁,从少年时代起,终其一生,他内心里就氤氲着比较浓厚的女性气质(如敏感、细致、委婉含蓄),这导致了,或者说是驱动了他在性别的天平上,几乎总是把关注的焦点放在了女性的形体、性情、心理与命运之上。他的代表作《荷花淀》正是写白洋淀地区的抗日斗争的,这篇小说的主要笔墨是描写以水生嫂为领头人的妇女们的。孙犁于 1936 至 1937 年在此间教书,而他的《荷花淀》则写于 1945 年的延安——时间上延宕了八九年,但这篇小说在美学上的精髓是对白洋淀地区优美的自然美与人情美的诗意抒写。审美情感,有一个触发、交流、酝酿、积淀、升华、外化的漫长过程。明乎此,我们就可以说,身上带有浓厚阴柔气质的孙犁,在他青年时代来到白洋淀这一北方的水上"江南",也是冥冥之中的"天作之合"。

在这个小学,孙犁担任的课程较重,每天有五六节之多。他恪尽职守,教书育人。除了教材,他还选辑了一些进步作品,给同学们讲解。为纪念"五四",他还登台演讲，并撰写剧本，在学校演出。后来，他回忆此事："深夜突击剧本，吃凉馒头，熬小鱼，甚香。"①过了半个世纪，一些老学生，还记得孙犁当年教书的情景。课外，孙犁仍不断购书，苦读文学。1974 年 2 月 29 日，他在瞿秋白译文集《海上述林》(上卷)的书皮上写了一条"书衣文录"："余在安新县同口镇任教时，每月薪给 20 元，节衣缩食，购置书籍。同口为镇，有邮政代办所，余每月从上海函购新出版物，其最贵重者，莫如此书。"

青少年时代，在历史风云的变幻中，孙犁总是不肯放弃与割舍他所心迷神醉的图书世界。通过读书，他打开了无比宽阔的精神世界，汲取了十分丰富的思想与艺术营养，不断地校正着自己的人生坐标。晚年，孙犁在《与友人论学习古文》一文中写道：

> 现在想来，青少年时代，确是一个神秘莫测的时代。那时的感情，确像一江春水，一树桃花，一朵早霞，一声云雀。它的感情是无私的，放射的，是无所不想拥抱，无所不想窥探的。它的胸怀，向一切事物都敞开着，但谁也不知道，是哪一件事物

---

① 《陋巷集·善闇室纪年摘抄》。

或哪一个人,首先闯进来,与它接触。

这里,孙犁强调的是"首先"二字,但细究起来,就各人青少年时代的感情而言,那是很难确说的。整体看来,"闯进"孙犁青少年时代感情世界的,主要是生活中一些美好的事物、美好的人物或者人物美好的侧面。这里面有父亲和母亲,乡村风土人情,民间文艺活动,小时候的伙伴,儿时的一些趣事、乐事,虽然这里边也交织着苦涩之味。而上中学之后,他是越来越被"书"所吸引了,购、读、抄、藏,沉迷其中而不能自拔,成了他精神世界中一个相对独立的乐园。晚年,他还多次做过在旧书摊上寻觅、挑选书籍的梦呢。

正是带着如此的精神"底色",孙犁在经过了北平流浪与白洋淀小学教书的初涉人生之后,迈着庄重的步伐,投入了严峻的人生,经受了战火的洗礼。

四、烽火中的文艺战士(上)

　　1937年暑假,孙犁从白洋淀同口镇小学回到家里。"七七"卢沟桥事变爆发后,保定很快就陷于敌手,整个河北大地弥漫着一片震惊、恐慌与焦虑不安的氛围。这使家乡一带春夏遭受旱灾的形势更显得紧张。敌人的战火快要烧到家乡了。秋季,滹沱河发了大洪水,北边沦陷区的难民一群一群,扶老携幼,蹚水而来,不知要奔向哪里。天灾人祸叠加,国势颓危,人心浮动,满目凄凉。不要说孙犁这位有良知的爱国青年,就是全国人民都面临着深重的灾难与严峻的考验。

　　在这种局势下,此间的国民党连"北望"的姿态都没有,决然放弃抗日,南下逃跑。官员们心中只有家眷与细软,雇用专车载着,纷纷慌忙逃走。农民看着眼前的情景,发出了"就要亡国了吗?"的痛切叹息。多少年了,这一历史性的兴亡之叹,总是回荡在孙犁的耳边。当时,作为一位血气方刚的爱国知识青年,孙犁决定不再返校教书,而是寻找适当的途径,投身于抗日救亡运动之中。

孙犁家乡一带,这一时期共产党的活动比较活跃,方圆几个县相继建立了抗日政府。也有一些"绿林"式的人物,打着"抗日"的旗号扰民滋事。1937年冬,孙犁往来于孙遥城村与安平县城之间,打听消息,寻求机会加入抗日队伍。

不久,已南下的、由吕正操团长率领的一支小部队,摆脱了主力部队的控制,挥师北上。打了一次胜仗后,继续作战,并改称"人民自卫军",废弃了旧番号。吕正操曾任张学良的副官、秘书,西安事变后加入了共产党。他领导的这支部队,在战斗中不断壮大,使冀中的抗日根据地很快建立起来了。抗日的烽火,很快就要燃遍冀中大地。孙犁后来在《平原的觉醒》一文中写道:

> 1937年冬季,冀中平原是大风起兮,人民是揭竿而起。农民的爱国家、爱民族的观念,是非常强烈的。在敌人铁蹄压境的时候,他们迫切要求

执干戈以卫社稷。……

报国有门,水归大海——参加抗日的机会终于来了。这时,吕正操领导的人民自卫军司令部进驻安平县城。1937年冬季的一天,安平县抗日政府转来老同学侯士珍的一封信,邀请孙犁到抗日军队看看。翌日,孙犁去了,那支部队比较乱,孙犁不习惯。侯随即托吕正操的参谋长带孙犁乘卡车去安国县。在安国县,孙犁见到了昔日的老同学和同事阎素、陈乔、李之琏,他们都在吕正操部队的政治部工作。朋友相见,交谈甚欢。这次见面,成了孙犁正式参加抗日的前奏。过了春节,"李之琏、陈乔到家来访,并作动员"①。于是,孙犁就算是正式参加了抗日工作。一日,孙犁与作家王林相识于子文镇街头,王林当时已在《大公报》上发表作品。李之琏他们介绍孙犁干的是搞抗日宣传工作——这既是工作的需要,也是孙犁本人愿意从事并能够胜任的。

孙犁当时还没穿上军衣。他先是在家里编写了一本叫做《民族革命战争与戏剧》的小册子,被政治部作

① 《陋巷集·善闇室纪年摘抄》。

走近中学语文课本里的作家

为一个文件油印发行了。——不难看出，正是滚滚的抗日洪流，极大地激发了孙犁的写作才情，唤起了孙犁出众的艺术潜能。北平流浪时期那种灰暗、压抑的心情，到此一扫而光！而在写作上，从这本小书的篇章安排，可以见出孙犁对研究对象善于整体把握，思路又很缜密。

孙犁的勤奋与工作效率，是毋庸置疑的。接着，他又编了一本中外革命诗人的诗集《海燕之歌》。

同时，孙犁在路一主编的政治性杂志上发表了题为《现实主义文学论》的论文，该文充满了热情与泼辣的气息；又在区委机关报《冀中导报》上发表了《鲁迅论》，占了小报整整一版的篇幅。试想一下，这位仅有25岁、没有上过大学的文学青年，在当日烽火连天的形势下，能够从大处着眼，宣传鲁迅与现实主义文学精神，实在是很难得的——至少，在晋察冀地区是罕见的。这几篇论文的发表，令孙犁一时声名鹊起，有"冀中的吉尔布丁（苏联著名理论家）"之称。

孙犁正式参加抗日之初，冀中区成立统战组织人民武装自卫会。孙犁任了该会的宣传部长。后又到北边几个县组织分会，与担任县政指导员的同志们打交道。这个会，不久就被别的机构所代替。此后，孙犁在革命队伍里，没有担任过领导机关的重要职务。他自己说过不愿干领导工作。显然，他的特长与优势，是在写作与编辑、教书方面。

1938年，冀中在深县成立抗战学院，孙犁被调到这里任教。学院设在深县，离孙犁家乡不远。院长为杨秀峰，教导主任为友人陈乔。孙犁任教的课程是抗战文艺和中国近代革命史。他受院长杨秀峰之请，写了一首校歌，由一位音乐教官谱曲，在学校里唱了起来。

学校条件简陋，上大课就在操场上搭个大席棚，学生的座位是横排的一条条杉木。中间竖立一面小黑板，孙犁就站着讲课。他大声"喊叫"，一堂课就是3个小时。他主要讲抗战文艺的理论与实际，文学概论与文艺思潮，还会介绍革命文艺作品。每周讲两次。这种着重文艺理论的课程教学，对孙犁是个很好的锻炼与提高。

学院的教学以军事训练为主（有实弹射击、冲锋刺杀等内容），师生的生活是紧张而严肃的。但是，生活中也有一些"花絮"。和孙犁同住一屋的是一位教哲学的王晓楼，教了一段时间后，学员们给他起了一个代号是"矛盾"，而赋予孙犁的则是"典型"——因为他当时主要给学员们讲现实主义创作方法。一次，深县驻军首长送给王晓楼一匹小青马。一个秋日,孙、王二位教官在校园附近的庄稼大道上试马。王先骑马跑了一趟,然后为孙犁牵马缒镫,叫他上去。孙犁这个"骑士",无法控制马,总是坐不稳,"惹得围观的男女学生拍手大笑,高呼'典型'"。

因为职务与级别的关系,几年间,孙犁始终没有机会得到一匹马。他不羡慕骑马的人,而欣喜于在"千水百山的征途上","练就了两条腿走路的功夫,多黑的天,多么崎岖的路,我也很少跌跤"。

当时参加抗日队伍的,除了大批爱国知识青年之外,还有一些已经成名的作家。正是在八年抗战中,孙犁陆陆续续结识了一些作家。1938 年冬,形势紧张起来,冀中部队一时不能适应紧急局面,学院准备打游击。一天,孙犁回家取衣物,摸黑到家。听说部队要在他家里招待客人,孙犁才知道村里驻有队伍。原来,中央为了加强冀中力量,派贺龙率领的一二〇师挺进此地。这是孙犁向往已久的一支英雄部队,现在其师部就设在村里,贺龙同志就住在村西头。他跟一些男同学一起到一家农户屋里,拜见了师参谋长周士第。参谋长听说孙犁是搞文艺的,便热情地让他见见随军的两位作家——何其芳和沙汀。他们两位都是孙犁景仰已久的作家,沙汀的短篇小说《法律外航线》是他那时喜爱的作品之一。素不相识,戎马倥偬,双方都很拘谨,互相没有谈多少话,孙犁便告辞了。

此后,学院开始疏散。孙犁负责一个流动剧团,在乡下演出过几次。在危难之中,孙犁还当过很短时间的自行车队的队长。一个黑灯瞎火的冬夜,孙犁和一位战友在一个村庄,遭遇了与自己人的"古城会",子弹从头上飞过,幸而没有伤亡。不久他们真正进入了游击战争的生活。锻炼两条腿是行军的基本功,白天进村隐蔽,黄昏集合出发。每天走几十里,上百里,最多可以走140里。有时走在坦途上,有时走在结有薄冰的河滩上。途中不准咳嗽,不准吸烟,紧紧跟上。黑色的夜幕,有隐蔽的作用;但被夜幕笼罩的队伍,看不清前面的人和路标。队伍与敌人周旋在寒冷肃杀、广漠无比的平原上。孙犁跟随队伍几乎走遍了整个冀中平原。不管是当时,还是后来,孙犁都以带领他们前进、指挥他们战斗的,是举世闻名、传奇式的英雄贺龙同志,而引以为终生的光荣。晚年,孙犁仍然步履稳健,走路不成问题——这是在战争烽火中经常行军锻炼出来的! 20世纪五六十年代,孙犁曾在长篇小说《风云初记》中,热诚地歌颂过贺龙将军。

战争，锤炼着这位入伍不久的文弱书生，使他从土地和广大人民身上汲取了甘美的乳汁；也给他日后的文学创作，提供了丰富多彩的素材。孙犁以战争生活为题材的作品，纪实色彩比较浓厚；当时亲历的抗日斗争，深深地铭刻在他的心头。他笔下的人物、场景、氛围，都栩栩如生；同时，幅幅历史画卷，都洋溢着诗情画意。在抗日战争中，孙犁的精神境界提升了，胸襟开阔了。如果说，从军前他的"精神支柱"是书本，那么，心灵在战争中的淬火，则使他把生命之根深深地扎进土地和人民之中。书本与社会，与革命，紧密地结合起来了。

1939年春，孙犁被调往条件更为艰苦的阜平山地工作。穿越平汉路，一次冒着夜雨爬山，把妻子纳的鞋底都磨穿了。路上，孙犁遇见昔日爱好文学、现任团长的同学刘某，他送给孙犁一支银白色的小手枪。孙犁初次工作，不知组织介绍信的重要，竟将由王林用地委书记名义起草的详细介绍信扔了。经过一段周折，等到负责组织工作的刘仁同志来后问清情况，才分配孙犁到晋察冀通讯社工作。正是在这里，孙犁开始了自己的文学创作之路。

　　1977年,孙犁在《在阜平——〈白洋淀纪事〉重印散记》一文中,动情地说:"在这一时期,我认识了当代的一些英才俊彦,抗日风暴中的众多歌手。伟大的抗日战争,把祖国各地各个角落的有志有为的青年,召唤到民族革命战争的前线。每天有成千上万的青年奔向前方,他们是国家的一代精华,蕴藏多年的火种,他们为抗日献出了青春的才力,无数人献出了生命。"孙犁的回忆,发自肺腑,经得起历史的检验。

　　通讯社设在阜平县的城南庄,周围是山岭、河流、砂石。孙犁的日常工作是作"通讯指导"。每天,他给各地新发展的通讯员写信,内容无非是有关通讯写作的有关问题。人多问题杂,孙犁一天最多可写到七八十封。对工作他是全力以赴的,兢兢业业的。同时,他还编了一本供通讯员学习的材料,题目为《论通讯员及通讯写作诸问题》,不久此书铅印出版。

　　山地的生活异常艰苦。孙犁过着每天三钱油、三钱盐的日子,有时还吃不饱。饥饿时吃过黑豆和树叶。"菜汤里的萝卜条,一根赶着一根跑,像游鱼似的。有时是杨树叶,一片追着一片,像飞蝶似的。""时常到枣林,饱食红枣。或以石掷树上遗留黑枣食之。"孙犁带来大夹袄一件,剪分为二,与战友陈肇各缝褥子一条,铺在没有席子的土炕上。有时找不到住的房子，就睡在牲口圈里，经常"以砖代枕"。文化用品更是少得可怜，没有什么办公的桌子，经常在炕边、路旁的大石头上写文章。行军时，他们腰间挂的是手榴弹。

这年冬，孙犁参加三人记者团，赴雁北采访。雁北在雁门关以北，风高天寒，冰雪封地，道路艰险。他们的棉衣不足以御寒，孙犁的个子高，手腕、脚腕的大部分暴露着，正应了成语说的"捉襟见肘"。一天，山下朔风呼啸，同去的董逸峰把一件日本黄呢军大衣脱下来，给孙犁穿上，使孙犁一直感念不忘。一天他们在一个山村停留，突然日本鬼子来了。孙犁穿着棉裤，蹚过了河，半截身子都是水，随即结成了冰，哗哗地响着，走起来很不方便。孙犁因此发了高烧，被放在一家没有人住的农舍外屋。多亏战友照料，孙犁才得以病愈，返回通讯社。他只向社里交了一篇文艺通讯稿，领导表示了不满。孙犁坦诚地认为，自己不适合做记者工作。1981年，他在《第一次当记者》一文中写道："我虽在幼年时就梦想当一名记者，此次出师失败，证明我不适宜当记者，一是口讷，二是孤僻。所以后来就退而当编辑了。"——可见，孙犁善于自我反思，正确估价自己各方面的能力，从而做到扬长避短，在个人生命途程的

关键时刻适当地调整了自己的人生规划。此后孙犁就主要从事编辑工作了。

有两个场景,给孙犁留下了深深的记忆。一个是当时生活异常艰苦,不但商店里连廉价的烟草也没有,就是从老乡那里要点兰花烟,还要掺上芝麻叶再卷成烟卷。行军路上风大,大家便推选出一位划火柴的能手,大伙儿围成圈,遮住风,不让几双眼睛盯着的火种被吹灭。这是苦吧?——但苦中有乐!另一个是唱歌。"抗日战争时期,我在晋察冀边区工作,唱过从西北战地服务团学来的一首歌,其中有一句'为了建立人民共和国',这一句的曲调委婉而昂扬,我们唱时都用颤音,非常激动。"①这种经历与感受,表征了孙犁当时是以一位革命文艺战士的思想感情来参与和体验抗日生活的。

晋察冀山区的生活条件虽比冀中平原艰苦,但艰苦的战斗环境也能磨砺人,激发起革命者的战斗豪情。这一段时间,孙犁写下了自己的第一批文学作品,为日后的继续创作,铺下了坚实的路基。他写的散文有《识字班》《冬天,战斗的外围》等,小说有《邢兰》《芦苇》

① 《老荒集·谈文学与理想》。

《女人们》《丈夫》《老胡的故事》等,诗歌有《白洋淀之曲》。离开山区后几年间,孙犁还以山地的战斗生活为题材,写下了著名小说《吴召儿》《山地回忆》《篙儿梁》。特别是后来所写的《吴召儿》《山地回忆》这两篇,堪称孙犁短篇小说的力作。在这些作品中,孙犁描绘了晋察冀山区山路的崎岖险峻、暴风雪的肆虐、战士行军打仗异常艰苦的情形,刻画了吴召儿等几个洋溢着青春活力,天真无邪,在抗日斗争中展示了其美好心灵的少女形象。

　　孙犁是异常爱美的作家,他具有以十分敏锐的眼睛和充满诗意的心灵从生活中"捕捉"美好事物的艺术才能。他在现实主义的描绘中,恰切地融入了浪漫抒情的诗意。他正视当时形势的严峻、条件的艰苦——这是他的现实主义的出发点,也是他浪漫诗情所以滋生的土壤。他创作心理中的浪漫抒情,完全与战斗的实践密切联系,与他本人崇高的革命理想相联系。因而可以说,孙犁创作中所体现的诗意情怀有多么浓厚,他对生活中美的人与美的事物的提炼有多么深挚和专注,那么,他对革命的信心也就有多么坚定!他虽是一位文弱书生,但因着多方面的缘由(抗日的际遇和社会实践,鲁迅战斗精神的深度陶染,自身对"美"的痴迷与执著追求是其中三个重要原因），一旦经受了革命斗争的洗礼与考验，就成为鲁迅在其杂文中一再深切呼唤的"革命人"了。晚年，孙犁在总结自己一生文学道路的时候，说在抗日战争中，他经历了"极致的美"，这是他的肺腑之言，是由他写于抗日战争时期的一系列作品所证明了的。今天的青年读者，应仔细体味孙犁所说的"极致的美"的丰富内涵，便于把握孙犁早期作品的精髓！

1941 年，孙犁先后在滹沱河北岸、晋察冀山区写成《鲁迅、鲁迅的故事》《少年鲁迅读本》两本小册子。

人生也好，文学也好，紧要处，就是那么几点。你抓住了，抓好了，就可能取得较大的成绩。世事像万花筒，往往令人眼花缭乱。泡沫、败絮，有时颇能迷惑人。人生、文学，都需要真诚善意、良知、慧眼。聪颖的孙犁在青年时代就选择好了学习的对象——当然，他也像鲁迅一样，是博采众家的。在阜平，孙犁还读了托尔斯泰的《战争与和平》，屠格涅夫的全部长篇小说，还有爱伦堡的通讯。他特别喜爱屠格涅夫那种诗意的抒情格调。从这点可以看出，孙犁在青年时代就十分重视自觉地汲取中外的文学营养。

五、烽火中的文艺战士(下)

  1939 年,孙犁调往晋察冀边区所在地阜平,先后在晋察冀通讯社、晋察冀文协、《晋察冀日报》、华北联大工作,主要从事编辑,干过短时间的教学。短暂的当记者的经历,据他自己说,是"失败"了。岗位与任务的变动,是形势与战斗的需要。但不管在哪种岗位上,孙犁在抗日战争中的基本角色——文艺战士——却始终如一。教书,也是讲他所特长的国文,讲革命文艺。工作的流动性强,他结识文艺界的作家、艺术家不少,而他所编辑过的刊物也不止一两种。

  1940 年,孙犁在三将台这个小山村编辑油印刊物《文艺通讯》。除编辑稿件外,他和担任刻写的老梁同志一起印刷、装订、折叠、发行。大概是夏季的一天，孙犁正在一间小屋里油印杂志，著名诗人田间和作家邵子南来到三将台。田间性格温和，只是微微一笑。粗犷而豪爽的邵子南大声对孙犁说："久仰——真正的久仰！"田间比孙犁小3岁，是孙犁很亲密的战友兼文友，孙犁对他很尊重。田间对孙犁、康濯、曼晴、邓康等晋察冀边区的作家，怀着一种特殊的感情，主动地把他们写的东西介绍到大后方去。不久，田间调往晋察冀文协，他把孙犁和邓康带去，做他的助手。他们一起工作了不算短的时间。

那时，孙犁对战地服务团的工作与生活也有所了解。西北战地服务团是为抗日宣传而成立的综合性文艺团体，1939年，由副主任周巍峙带队进入晋察冀边区活动。由于晋察冀边区是一个四周包围着日军控制的城市和交通线的抗日根据地，日军不断地进行"扫荡"和骚扰。这样，几年间活动在这一地区的战地服务团，工作和生活异常艰苦。团里有戏剧组、文学组等机构，聚集了一大批文艺人才。四五个人住一间房子，墙上挂的是书包和手榴弹。那时候同志之间的关系，很是亲密。副主任周巍峙能力强，对人友善，威信高，团里的同志们对他都很尊重。孙犁晚年所写的散文里，

曾提到周巍峙（周一直担任文化界领导职务，曾任文化部代部长、中国文联主席；著名歌唱家王昆，是他的妻子）。那时，孙犁常去服务团"做客"。每逢孙犁一到，同志们总是高兴地说："孙犁来了，打饭去！"不由分说，便忙着给孙犁弄好吃的饭菜。条件艰苦，同志间互相照顾，赠送衣物，那种感情是令人永难忘怀的，深深地积淀在孙犁心里。

这一时期，孙犁工作任务繁重，而其中的重头戏是编辑工作。1940年，晋察冀文联成立，孙犁在文联所属下设机构文协工作。1941年，他编辑的油印刊物《山》，由文联出版发行。著名作家梁斌的一些中、短篇小说，也是在这个刊物上发表的。它们是后来的名著《红旗谱》的前身。此后，晋察冀边区的一些有名的作家，孙犁都认识，有的还有交往。在编辑工作与自己的文学创作之外，孙犁还热情地推荐边区新人新作。"当时，田间的短促锋利的诗，魏巍的感叹调子的诗，邵子南的富有意象而无韵脚的诗，以及曼晴、方冰朴实而有含蕴的诗，王林、康濯的小说，我都热情鼓吹过。"除编辑期刊《山》之外，孙犁于1942年，还编辑过《晋察冀日报》副刊《鼓》。这两个刊物，都是与抗日军民的战斗密切联系的。孙犁说:"这些刊物,无赫赫之名,有的已成历史的陈迹……但对我来说,究竟也是一种工作,也积累了一定的经验。"他回忆说,很长时间,他编刊物,"是孤家一人。所谓编辑部,不过是一条土炕,一张炕桌。如果转移,我把稿子装入书包,背起就走,人在稿存,丢的机会可能少一些"。他当编辑时,给来稿者写了很多信件。据知情人说,孙犁是有信必复,而且都写得很有感情,很长。这些信件经过动乱,保存下来的很少。孙犁多年从事编辑工作的经验,是很系统、很中肯的,主要见之于他晚年所写的《关于编辑工作的通信》《编辑笔记》等文中。

1941 年初,为了更好地反映冀中人民抗日的伟大斗争,冀中区党政军主要负责同志借鉴高尔基主编《世界一日》、茅盾主编《中国的一日》的经验,决定在全区开展"冀中一日"的写作运动。据《吕正操回忆录》记载,当时的宣传动员搞得相当深入,各机关、团体通过自己的组织系统,一直把任务布置到每个村庄和连队。到 5 月底,亲自动笔写稿者已有 10 万人之众。这确实是抗日文艺史上的一个伟大创举!孙犁当时在山地工作,这年秋季回到冀中。母亲告诉孙犁,区干部在会上做了动员,还把孙犁的一篇小文章念给大家听。由此可见,这场动员工作做得多么扎实。冀中区组织了《冀中一日》编纂委员会,知名作家王林任主任。当年秋季已进入了审稿阶段,王林邀请孙犁参与这一工作。据后来写过长篇小说《野火春风斗古城》的作家李英儒回忆说,编辑组和刻字印刷组的同志们把王林和孙犁两位视为"大手笔",很高兴他们的到来。冀中总部设在郝村,这一带村庄距离周围敌人的据点不过十五六里路,随时都处在反"扫荡"的状态里。当时的稿件用麻袋装,大车拉。孙犁和大家一起围着麻袋审阅稿件,选好一篇就刻写一篇。不用的稿子就坚壁起来。书共编印了4辑。共选出200多篇作品,总计35万字。孙犁根据看稿经验,编写了《区村和连队的文学写作课本》,先是油印了1000本。三纵队的《连队文艺》、晋察冀的《边区文化》上转载了它。吕正操、黄敬同志把它带到太行山麓,铅印了,改名《怎样写作》。建国后,这本书又改名《文艺学习》,多次印行,在文学青年中影响较大,比《冀中一日》传播得要广泛。孙犁写它的时候,年仅28岁,但他的文学修养确实是深厚的。孙犁在郝村,除了编书,还给剧团的演员们上课。

这一年,孙犁妻子怀孕,后生小达,是男孩儿。王林开玩笑说,小达是《冀中一日》的又一副产品。

在冀中期间,一同活动者,有梁斌、远千里、李英儒等作家。他们结下了牢固的战斗情谊。孙犁还随梁斌领导的"新世纪剧社"在几个县打过游击。

《冀中一日》的工作结束不久,日军就对冀中人民发动了一场大规模的、血腥的五一大"扫荡"。有关资料表明,日军5万人,在主要村镇上建立了据点1700多个,把冀中根据地分割成2670多块。妄图消灭吕正操、程子华领导的冀中部队,摧毁冀中抗日政权。两个月中,大战272次,小仗每日数十次。参与《冀中一日》工作的一些同志,在5月,"把血洒在冀中平原上了"。此前,孙犁在安平就读过战友蘸着血写的一些报告文学作品。他对这些作品进行了评论,肯定了它们的真实性。一个一个杀戮、流血的场面,一幕一幕英勇抗敌、宁死不屈的活剧,只能激起爱国、善良的军民的万丈怒火。孙犁写道:"能用什么来形容那一月间两月间所经历的苦难、所见的事变?心碎了,而且重新铸成了;眼泪烧干,脸皮焦裂,心脏要爆炸了。"孙犁与他的战友一样,经受了极为严峻的考验;而对作家孙犁来说,正是在这种血与火的洗礼中,他才得以在精神的炼狱里逐步完成思想感情的锤炼与升华。

    1942年冬,日军又对晋察冀边区进行"扫荡"。孙犁和同在边区文协工作的诗人曼晴出来打游击。冰冻的山路很滑,树上压着厚霜,山泉、小溪都冻结了。第一夜,他俩睡在山坳的一处羊圈里。身坐羊粪,背靠着破木栅板,寒风刺骨。就是在这种情况下,曼晴还在以"羊圈"为题目构思一首诗作⋯⋯一天清晨,孙犁刚刚脱下裤衩准备捉里面的虱子,敌机就来了。他们跑下山,隐蔽在一块大石下面。敌机盘旋在山沟上空,来回轰炸,飞得很低,几乎擦着屋顶和树木。事后传说,敌人从飞机的窗口,抓走了一个坐在炕上的小女孩。敌机飞走后,孙犁他们俩饿得不行,便用木棍在已经上冻了的地里掘取了几个胡萝卜。用手擦擦泥土,蹲在山坡上,大嚼起来。晚年回忆起此事,孙犁说:"事隔40年,香美甜脆,还好像遗留在唇齿之间。"

    1943年秋,孙犁从《晋察冀日报》调到华北联合大学的高中班去教国文。条件简陋,自不用说。在一个人家的屋里搭了一扇门板,算是床铺。每天清早,到村边小河去洗脸漱口。当小河结了一层薄冰的时候开始了"反扫荡"。孙犁也就随大家行军转移,与敌人周旋。不知走了多少天，孙犁发起烧来，身上起了很多水痘，被坚壁在五台山北台顶一个小村。领队派一名医生、一名护士，陪孙犁到一个隐蔽而又安全的地方去养病。他们到了高山顶上一个叫做"篙儿梁"的小村庄。当时的所谓医生，所谓护士，"都是受几个月训练速成的"，谈不上什么医术。但是，在医护人员的精心护理与乡亲的热情照顾下，孙犁"安全而舒适地度过了一个难忘的冬季"。他后来以这一段经历为题材，写成了短篇小说《篙儿梁》《看护》。虽说时过境迁，但到了20世纪80年代初，孙犁对此事还记忆犹新。山西繁峙县有关部门多年后向孙犁调查此事，孙犁感慨地回忆道："我们可以想想，我的家是河北安平县，如果不是抗日战争的推使，我能有机会到了贵县的篙儿梁？我是怎样走到那里去的呢？身染重病，发着高烧，穿着一身不称体的薄薄的棉衣，手里拄着一根六道木拐棍，背着一个空荡荡的用旧衣服缝成的所谓书包，书包上挂着一个破白铁饭碗。这种形象，放在今天，简直是叫花子都不如，随便走到哪里，能为人所收容吗？但在那时，篙儿梁收容了我，郭四一家人用暖房热炕收容了我。"他说，"这是在艰难的日子里才能发生的事，才能铸成的感情"。——这两句话里，包含着多少人生的哲理呀！

而在当时,孙犁既深深地体会着生活的艰难、战斗的艰险,又以他特有的敏锐目光审视生活中一切美好的人物、美好的事物。上述《篙儿梁》《看护》这两篇小说,就参照原始素材,塑造了妇救会主任、护士刘兰等人独具风采的形象。

对冀中平原和晋察冀山区的游击战,孙犁都在自己的作品中有所描绘。拆房、破路、挖地道,这是平原游击战惊天动地的工程,它们在孙犁的长篇、短篇小说和散文里,有生动细致的反映。《风云初记》的纪实色彩较为浓厚,从中可以看出这一场场斗争的场面和情景。当然,这本小说里的人物,有的有原型,但也有艺术加工与创造。就挖地道而言,挖洞是其初级形态。孙犁1943年5月写了《第一个洞》这篇小说。它描述了蠡县某村庄治安委员杨开泰,瞒着妻子连续5个夜晚出门挖洞,引起妻子误会而又终于消除,在新的基点上和好如初的故事。1943年3月里,孙犁有机会到曲阳游击区走了一趟。这一段经历,他写进了《游击区生活一星期》这篇散文。该文有几个小标题。它主要刻画了一位守洞作战英雄三槐的形象。孙犁在此地亲身钻过洞。那洞不是一般的小洞,深而又"地形"复杂。有横洞,有翻口,有偏洞,又有腹地。一次,敌人来到洞口妄想掘洞,那天钻进洞里的女人孩子有100多个。钻洞有一套技巧,必须"培训"——孙犁也是经过乡亲指导才学会的。他写道:"因为每天钻,有时钻三次四次,我也到底能够进到洞的腹地;虽然还是那样潮湿气闷,比较起在横洞过夜的情景来,真可以说是别有洞天了。"这个村里有一个老泥水匠,每天研究掘洞的办法,他用罗盘、水平器和他的技术、天才,热情地帮助各村改造洞。我们几代人都看过影片《地道战》,孙犁的笔下,也有类似的片段呢。那一段特殊的生活已经成为历史的陈迹,但孙犁对它的印象像是用刀刻下的一样:"当我钻在洞里的时间也好,坐在破炕上的时间也好,在菜园里夜晚散步的时间也好,我感受到在洞口外面,院外的街上,平铺的翠绿田野里,有着伟大、尖锐、光耀,战争的震动和声音,昼夜不息。生活在这里是这样充实和有意义,生活的经线和纬线,是那样复杂、坚韧,它像一匹由坚强的意志和明朗的智慧织造的布,光彩照人。"看得出来,一位作家,当他的内心深处对于艰苦的战斗生活有了充满诗意的感受之时,他的笔下才可能对那种生活有充满诗意的表达。不认识这一点,我们怎能进入孙犁的心灵世界和艺术世界呢?

1943 年秋,孙犁在华北联合大学教育学院给国文班教书。一天,他得到一个不幸的消息:长子孙普夭折,年仅 12 岁,因战乱无好医生,死于盲肠炎。孙犁"闻之伤痛",更加想念在家乡的妻子。后来孙犁用"纪普"的笔名发表过作品。据他的女儿孙晓玲回忆,父亲很爱她的儿子,其中包含着这孩子长相像孙普的原因。

这年年底,"反扫荡"结束。山路崎岖,走了一天,黄昏时分行至山脚。周围地势开阔起来,小桥流水扑入眼帘,引起孙犁的一种愉悦之感。河面铺了一层雪,平整光洁。孙犁没有仔细辨认,以为是平地,高高兴兴地跳跃了一下。说时迟,那时快,孙犁忽地滑出一丈多远。脑部受了震荡,一时昏了过去。同行的医生老康、护士刘兰随即抬孙犁到大寺成果庵,安置于热炕上,他才慢慢苏醒过来。在这里,孙犁吃了和尚做的莜麦,"与五台山衲子同床",体验到另一种生活情趣。第二天一行人参观了佛寺,给孙犁留下了深刻印象。

1943 年旧历正月间,晋察冀参议会在冀西平山县召开,孙犁以记者身份在会议上进行了 10 多天的采访,写成《二月通讯》,刊于《晋察冀日报》副刊。这篇通讯,生动地报道了那次会议的盛况,其中有对参议员们发言内容的概括，也有对聂荣臻司令员风采的描绘。在孙犁笔下，聂司令员静静地聆听着代表的发言，时而"凝神考虑"，时而和身边的代表商量，时而发出爽朗的笑声。有几天情况很紧，敌机从山顶上"轧轧"地飞过，聂司令员还是静静地坐在主席台上，听每一个参议员的发言，考虑着每一条建议。孙犁写道："我从他的举动上、精神上，想起许多事。在我的印象里，聂司令员和中国一些可歌颂的名将的风度，凝结成一个形象。"一天晚上演出《日出》，聂司令员向对剧本背景不大熟悉的萧克副司令员解释了有关情况——两位司令都坐在孙犁身边。萧司令员还在展览室里阅读了几个作家写的小说。孙犁说，萧司令员在他的印象里，"是一个最漂亮的中学生的风度，而风度里的内涵，是一个天才的军事家"。孙犁的睿智论断，早已为革命战争所证实。

　　孙犁把阜平山区称做革命的摇篮，视为自己的第二故乡。整个抗日战争时期，孙犁主要在这一地区度过。1942年，孙犁加入了中国共产党。

　　抗战还没有结束。30岁出头的孙犁，风华正茂，前程无可限量。他以自己在抗日战争中的亲身经历为题材，已经进入了文学创作的一个高潮期。像一株谷穗,在经过了包孕、吸浆、结籽、充实之后,正在慢慢地趋于成熟。沉甸甸的,迎风下垂的、散发着谷物幽香的穗儿,已经走进人们的欣然期待之中……

　　1944 年,大概是三四月的一天,孙犁接到一个重要通知,时代召唤着这位青年文学家,踏上新的征途!

六、在延安的日子里

1944年春，孙犁刚从阜平山区返回华北联合大学教育学院，当下接到通知，要他第二天就去延安。他在此间的教学生涯遂告结束。睡了一夜，孙犁便和华北联大教育学院高中班的五六位同事及几十名同学，由总支书记吕梁同志带队，向延安进发。

全程1000多里。行进的路线是：从阜平出发，经盂县入山西，再经沂县迈向西南方向，渡黄河，进入陕西地面；在陕西走过了绥德、清涧、米脂等县，到达延安。出发时，每人领了土靛染浅蓝色粗布单衣裤两身。孙犁领衣迟了，所得上衣为女式。每人背小土布三匹，用做路上卖钱买菜。最初行军的几天，孙犁感到越走离家乡越远,很是想念家人。

　　路经盂县,诗人田间在一个要道口上等候孙犁,和他握手告别,说了很简短的话。孙犁从机关坚壁衣物处拿走田间的日本皮大衣一件(这件战利品是贺龙给田间的,上面还有敌人的血迹)。他们一行行军,无敌情时,每天可走六七十里,悠悠荡荡,走几天就休息一天。打前站的同志,卖去一些土布,买些肉改善大家的伙食。

　　这里有一个插曲。孙犁领下的带大襟的女式单上衣,是用土布染的,非常鲜艳,在山地名叫"月白"。在宿舍换衣时,他犯难了,觉得把它穿在身上有点"不像话"。正在犯愁,他教过的两个女同学带着剪刀针线进来,立即把女衣的大襟撕下,缝成一个翻领,又把对襟部位缝好,把它"变成了一件非常时髦的大翻领钻头衬衫"。两位同学看着孙犁穿在身上,拍手笑笑走了。1977 年,孙犁把这一段佳话写进了散文《服装的故事》里。

　　进入陕西地界,孙犁觉得"风光甚好"。他们在绥德休息了 5 天。晋绥军区司令部设在附近。吕正操同志听说孙犁路过,便捎信叫他去。孙犁到了庄严的司令部做客,并见到了贺龙同志,觉得自己穿着那样的服

装，"甚觉不雅"。他把自己随身带的一部线装《孟子》，送给了吕司令员。孙犁在那年月，身边有时还带着《楚辞》。

孙犁对清涧县城的印象很深。在这次愉快的行军中，他几乎完全是以一位作家、诗人的眼睛来观察展现在他面前的异乡风光的。他在1979年所写的散文《去延安》一文里写道："（清涧）那里的山，是由一种青色的、湿润的、平滑的板石构成的。那里的房顶、墙壁、街道，甚至门窗、灶台、炕台、地下，都是用这种青石建筑或铺平的。县城在峭立的高山顶上，清晨黄昏，大西北的太阳照耀着这个山城，确实绮丽壮观。雨后新晴，全城如洗过，那种青色就像国画家用的石青一般沉着。"可见，烽火中的作家，既要有战士的勇敢与坚强，又要具备诗人一双审美的眼睛。

接着，到了米脂。这是陕北最富庶的地方。米脂县城建在黄土高原上，整个儿显得非常漂亮。孙犁觉得，米脂城里那"四座红漆牌坊，就像北京的四牌坊一样"。

为什么孙犁一进入陕西地界，就这么流连自然风光？他自己对这一问题作了解答："我们从敌后来。敌后的县城、城墙，我们拆除了，房屋街道，都遭战争破坏;而此地的环境,还这样完整安静。我躺在米脂的牌坊下,睡了一觉,不知梦到何方。"可以说,在革命战争的条件下,孙犁又一次尝到了古人所说的"读万卷书,行万里路"的滋味。

生活,又在孙犁面前,打开了新的一页。

到了延安,孙犁被组织上分配到延安鲁迅艺术文学院。开始时身份是研究生,后来因发表了一批很有影响的文学作品,便被提升为中文系教员。孙犁他们到延安时,已是初夏时节。一天傍晚,大雨。他和几位同事当时被安置在桥儿沟街上一家骡马店内。他们正在议论这里下雨会不会发水的问题。正说着话,不料洪水已齐窗台,流水声很猛。他们急忙携物出户,随之房子倒塌。在滚滚洪流中,孙犁那一件艰难地携带了千里之遥的大衣,同他所有的衣物,都卷到汹涌的延河里去了。其中,还有一位姓梁的女同学送给他的线装本《楚辞》也被冲到延河里去了。水灾后,孙犁一无所有,心里埋怨事先没人告诉他们,此街正是山沟的泄水道。孙犁本人也多处受伤。——这是他初到延安经历的惊险一幕。

延安鲁迅艺术学院,荟萃了革命文艺界的不少精英。孙犁在这里，见到了一些著名作家，和戏剧、音乐、美术专家，比在晋察冀进一步开阔了眼界。孙犁先是住在北山阴土窑洞，与诗人公木（张松如）为邻，后迁东山一小窑，与诗人鲁藜、作家邵子南为邻。这里的生活条件较好。窑洞内立四木桩，搭板为床；冬季发一大捆木炭，十分温暖。主食为糜子，经常能吃到牛羊肉。孙犁也参加了大生产运动：开荒，糊火柴盒。他记得很清楚，修飞机场时，自己一顿吃了小馒头14枚。这年冬季，女同学们给孙犁改做了棉裤，给他打了一双羊毛线袜和一条围巾。与在晋察冀地区一样，孙犁体会到了革命队伍的温暖。沙可夫同志从前方回来，把孙犁在前方的情况介绍给学院负责人宋侃夫同志。沙可夫见别人都有家眷，而孙犁独处，关怀地问：是否把家眷接来？他不知道孙犁的家里上有老，下有小，妻子一点也离不开。

孙犁的性情比较孤僻，平时不大与人来往。紧邻的邵子南，几年前就在晋察冀认识。邵子南的一些缺点比如倔强、自以为是，孙犁感受到了；但他也认识到了邵子南的单纯、敏锐，觉得这是他的可爱之处。孙犁注意到邵子南当时写了大量的歌词，写了大型歌剧《不死的老人》，战斗、生产都积极参加，有时还充当配角登台演戏。10 多年后,孙犁还记着一个情景:一天,邵子南从山沟里捡回一个庞大的牛头,在窑洞门口安上一口大锅,把牛头原封不动地煮在里面,他说要煮上三天三夜就可以吃了。孙犁记不清楚,自己和邵子南分享过那顿异想天开的"盛宴"没有,但他在悼念性散文《清明随笔——忆邵子南同志》中,真挚地抒发了感情:"在那黄昏时分,在那寒风凛冽的山头,在那熊熊的火焰旁边,他那高谈阔论,他那爽朗的笑声,我好像又看到听到了。"

鲁迅艺术学院,是抗日战争时期,中国共产党为培养文艺干部和文艺工作者而创办的一所综合性文学艺术学院。1940 年后更名为"鲁迅艺术文学院",简称"鲁艺"。主要领导人为周扬、赵毅敏、沙可夫等人,设戏剧、音乐、文学、美术等系。先后在此任教的有茅盾、冼星海、艾青、何其芳、张庚、吕骥、周立波、王朝闻、严文井等名家。现在我们知道的著名作家贺敬之、冯牧,作曲家李焕之,电影演员于蓝,歌唱家王昆等,均为该校学员。孙犁来到这里时,过去在冀中见过面的何其芳也在学院。他原任系主任,正在休养,职务由舒群代理。与何其芳有了接触后,才知道这是一位很

热情、很健谈的诗人，又是一位循循善诱的老师。孙犁还认识了一位著名画家马达。刚到时，正值"大整风"和"审干"以后，学院表面好像很沉寂。原有人员，多照料小孩，或在窑洞前晒太阳。政治思想方面的运动已经过去，孙犁本身没有历史问题，心里自然也就没有负担。"鲁艺"文艺活动比较频繁，黄昏时分常组织跳舞，也有乐队演出。排练《白毛女》，根据的是邵子南最初的稿本。

对作为教员的孙犁来说，重要的是，他在中文系担任了讲《红楼梦》的课程。系领导舒群听了孙犁的课，对孙犁的观点提出了不同意见。孙犁认为《红楼梦》表现的是贾宝玉的人生观，而舒群则认为是批判贾宝玉的人生观，并举书里的两首《西江月》词为证。两个人争论起来。——这件事已经过去半个多世纪了。学术问题，可以争论，不能由一个人说了算，包括权威的话也未必能作为定论；重要的是，孙犁与舒群之间的不同看法，并未影响他们之间的战斗情谊。

如果说，孙犁在冀中和晋察冀边区工作时，是创作与理论、评论两翼齐飞，那么到了延安，他的重点几乎完全转移到文学创作上来了。这一时期，他所发表的一系列作品，奠定了他在中国现代文学史上的小说名家地位,使他声誉鹊起。在延安"鲁艺",孙犁先后创作了短篇小说《杀楼》《荷花淀》《村落战》《麦收》《芦花荡》,还写了散文(包括通讯)《游击区生活一星期》《白洋淀边一次小斗争》等。我们知道,孙犁在延安工作还不到一年半,而如此短的时间能写出在数量上不算少、而其艺术水平确实不低的作品,是很不容易的。其中,《荷花淀》《芦花荡》两篇,一直是文学界公认的中国现代文学史上的名篇,自然也是孙犁短篇小说的代表作。这两个短篇,其副题分别是《白洋淀纪事之一》《白洋淀纪事之二》,它们的背景、人物、氛围是血脉相通的,风格是异常鲜明的。孙犁写战争,很少写铁血交加的场面,而是重在侧面烘托,把对战争年月抗日军民的人性美、人情美之开掘置于最突出的地位。

　　孙犁以自己独特的艺术创造和美学精神,在解放区小说创作中别开生面,给解放区文学界带来了罕见的水乡气息,使众多的读者眼前一亮!他在相当的意义上,打破了几年间流行的以宣传当前政策为旨归的小说图式,另立新宗——为后来创立了"荷花淀派"铺设了坚实的根基。《荷花淀》这篇小说,在延安《解放日报》1945 年 5 月 15 日刊出后,可以说在延安文学界激起了一个好评的小热流。据当时在《解放日报》副刊任编辑的作家方纪说，他读到《荷花淀》的原稿时，"差不多跳起来了"，而副刊编辑都把它看成一个将要产生好作品的信号。毛泽东同志看了这篇小说，夸奖道："孙犁，我看是个风格作家呢！"毛泽东对著名作家丁玲说起过他对孙犁的看法。解放后与丁玲在一起工作过的康濯，在一篇回忆丁玲的文章中，提供了这一信息。茅盾在解放后谈到孙犁时曾说："他的小说好像不讲究篇章结构，然而决不枝蔓；他是用谈笑从容的态度来描摹风云变幻的，好处在于虽多风趣而不落轻佻。"

　　"左联"文学与解放区文学，都有一批很出色的作品，但毋庸讳言，在这两个大的文学群落中，较长时间内流行着"图解政治"的倾向，不少作家的文学思想得不到进一步的解放与提升。正是在这一点上，沉默寡言的孙犁高人一筹，独辟蹊径。已故著名作家、"荷花淀"派的传人刘绍棠，曾对他的儿子说："孙犁先生的作品不是对政治事件的图解，不迎合政治需要，不追求轰动效果，而是以清新、生动的语言和有个性的人物见长，这才是文学创作应该追求的目标。"晚年的孙犁，继续走着他自己青年时代所艰苦探索的道路，并把自己的创作经验归结为"离政治远一点"和"离文坛远一点"——其意图在于保持文学的相对独立性和审美特性。但是，他又能在创作中，妙合无垠地把进步的思想内容与近乎完美的艺术形式结合在一起。这是孙犁在文学创作上取得成功的一个秘诀。这也是孙犁作品随着时代的不断发展，地位隐隐地呈上升趋势的一个重要原因；同时也是他晚年终于成就为一位散文大师的关键所在。

　　孙犁也是很看重自己的这篇小说的。但是，今天的读者，有多少人能知道《荷花淀》这篇经典的短篇小说，是作者在他那小窑洞里，用一种黄色草纸和自制的粗糙的墨水写成的呢？这里的条件要比晋察冀山区好，但仍是很艰苦的。此处要说明，一位作家要是离开了他最主要的代表作，那他的文学地位将要下降许多，因为这些代表作标志着他创作的最高成就。换言之，孙犁的小说名家地位，离不开《荷花淀》和《芦花荡》这些真正的力作，而它们，正是作者写于延安的，是当时延安文艺的重大成果之一。就孙犁自己而言，他之所以能够在延安写出以《荷花淀》为代表的成熟之作，其原因在于他有了比较充裕的时间，对前几年亲身经历的战斗生活进行相对从容的、深度的艺术锤炼与加工；而在冀中和晋察冀边区，生活太过动荡，作家的生活节奏太快，物质条件也很差，真正的优秀作品是很难产生的。有一年多的时间，孙犁一直在对冀中和晋察冀边区的生活进行深度的艺术锤炼与加工。他按照自己的艺术和美学思想，孕育自己心中的人物，把自己那深挚的情愫灌注于构思中的人物形象和生活场景里。不管是早年、中年，还是晚年，孙犁都苦苦地坚持自己的文学思想和审美立场——就这一点而言，平时沉默寡言的孙犁，在他的睿智的思维品格里，融入了很明显的倔强与执著。照实说，《荷花淀》的发表，给延安文艺界，带来了一定的震动——它确实带有一点"另类"的意味。那时，谁能想到，随着历史的延伸，一个以"荷花淀"命名的文学流派慢慢地在结胎……

生活稳定了，孙犁的情趣也增加了。他在自己的小窑洞上种南瓜，动土时不料破坏了排水沟。一场大雨冲塌了窑沿，差点把自己困在窑里。在延安的窑洞里，孙犁曾请一位受过名师授业的女同志教他京剧。他与他的一位女同学有过很短时间的感情纠葛；不过，很快，他就把自己的这一念头掐断了。对此事，他并不遮掩，晚年把它写进了散文《忆梅读〈易〉》中。熟悉孙犁的朋友说，孙犁是浪漫气质，古典头脑。

1945 年 8 月 14 日，日本宣告投降，中国人民艰苦卓绝的八年抗战胜利结束。当晚，延安各界敲着锣鼓，举着火把庆祝游行；山上山下，灯火通明；延河也在歌唱，到处一片欢腾景象。孙犁性情孤僻，不爱热闹，一个人很早就睡了。他知道，新的征途，就在前面。

孙犁的文学道路，初露头角于晋察冀边区，而其盛名成于延安。

延安，不会忘记孙犁。

七、在新征途上体悟
人生世态

　　抗日虽然胜利了,但是内战的危机迫在眉睫。针对国内复杂的形势,党中央确定了用战斗来保卫人民胜利果实的战略方针,决定占领华北广大农村,争取中小城市,全面开展解放战争。孙犁受命奔赴前方。"鲁艺"分编为两个文艺大队,随同解放军开辟华北、东北解放区。孙犁根据组织决定,同一批战友向华北挺进。这支队伍的负责人是艾青、江丰。他接受了分配的任务,与凌风等同志打前站,为女同志赶了很长时间的毛驴。孙犁记述当时的情况是:"路上大军多路,人欢马腾,胜利景象","那些婴儿们,装在两个荆条筐里,挂在母亲们的两边。小毛驴一走一颤,母亲们的身体一摇一摆,孩子们像雏燕一样,从筐里探出头来,呼喊着,玩闹着,和母亲们爱抚的声音混在一起,震荡着漫长的欢乐的旅途"。① 一路上,孙犁悉心照顾女同志和小孩,穿过了当时为敌人所控制的封锁线。女歌手唱歌的动人曲调,画家马达在路经一个磨棚时看着眼前实景所作的传神速写,还有小孩子们的喧闹,都给大家增添了欢乐。

到了张家口这座大城市,已经是冬季了。在此工作的一些老战友有一些已经"城市化了",穿上了洋布衣装。在晋察冀工作过的诗人、孙犁的好友邓康,在此间做财贸工作,他热情招待孙犁,送给孙犁一些钱,让他买件衬衣。路经宣化,孙犁又从一位战友王炜的床铺上扯了一条粗毛毯,一件日本军用黄呢斗篷,便回到冀中平原上来了。

一个黄昏,他回到阔别的老家。在延安,对父母妻子的思念,与日俱深,况且听说父亲健康情况不好,长子夭折,心里很沉重。他在 1944 年秋,曾托周小舟同志给家中捎过一封信,还不知收到没有。眼前,病弱的

---

① 《服装的故事》,《孙犁文集》(第四卷)。

父亲正在一抹夕阳中关闭外院的柴门。他一看见儿子，禁不住落下浑浊的泪水，转身回屋。进屋后，妻子抱着小儿"小达"向孙犁说："这就是你爹！"万千话语凝成一句家常话，真挚动人。这孩子生下来，还没有见过他爹呢。

一家三代，在战争年月，难得团聚。妻子说收到了那封信，父亲识字，还念了信的背面写给她的几句话。当时，全家人都哭了。孙犁不知道，关山阻隔，千里迢迢，敌人封锁得那么紧，同志们是怎样把信送到了他的家里。孙犁后来在《书信》一文中回忆道："这封信的内容，我是记得的，它的每句话都是有用的，有千斤重量的，也没有保存下来。"——知道了这一点，我们就便于理解孙犁此前此后所写的那些纯美动人的小说和散文了——一个人的情感是一个整体，孙犁在艰苦卓绝的斗争中所蓄满、所醇化的对于家国、对民族的深情厚谊与生死攸关的良心，是经过了艺术锤炼和加工，投射和升华到他的创作里去了。

到了家里，孙犁才对父亲、妻子这么些年月的艰难，有了具体、真切的了解。晚年，他在《父亲的回忆》《亡人逸事》等文中，曾对自己在战争年月没有尽到对家庭的责任而流露了惆怅的感情。

孙犁仅仅只在家里住了 4 天,然后,在一个大雾弥漫的早晨,前往蠡县县城。冬日,村庄、树木上,满是霜雪。在如此的美景里走路行军,孙犁的心里是多么高兴。他觉得这时他的思想就像"清晨的阳光,猛然投射到披满银花的万物上,那样闪耀和清澈"。——不管生活是多么艰难困苦,孙犁总保持着作家和诗人应有的那份心境。到了县城,见到了分别很久的梁斌同志(时任县委宣传部长)。虽然都是作家,但在那紧张的战斗年月,哪有闲情谈文说艺呢。当晚,梁斌就安排孙犁去刘村,并把他托付给了在刘村工作的朱锡花。

孙犁在农村住过的村庄不少,但在刘村的经历是一个"重头戏"。在这个村里他住了 3 个月。他先到锡花家里去。锡花是一位非常热情、爽快、很懂事理的姑娘,不过十七八岁,她用很可口的家乡饭款待了孙犁,并经常到孙犁住的地方看望他。孙犁在此村所写的小说《"藏"》的主人公浅花身上就有锡花的影子。孙犁住在村北头一家三合房的大宅院里,这原是一家地主的房子,房东同女儿是在外参加抗日工作的干部,房东太太到外边去了。陪孙犁做伴的是一个老长工——一个非常质朴的贫苦农民。庭院宽敞,其他条件也很好。孙犁春天(1946 年 3 月 30 日)给康濯等友人写信说:

"因为梁斌同志的照顾,我的写作环境很好,自己过起近于一个富农生活的日子,近于一个村长的工作,近于一个理想的写作生活。"他在这个村子接触过一些人和事,"加深了对人生世态的体悟,丰富了创作素材";而他三篇重要的短篇小说《钟》《"藏"》《碑》皆写于此村。

在这个村子,孙犁另外认识了一位文建会的负责人,此人的某些地方,很像孙犁在解放后所写的长篇《风云初记》中的变吉哥。

孙犁还把妻子和两个孩子接到村里住了几天。在送回他们的途中,坐在大车上,天气冷,妻子把一双手,插进孙犁棉袄的口袋里。在那春天夕阳的照耀下,妻子显得很幸福。孙犁看见,妻子脸上的皮肤,在岁月流逝与生活重负的压力下,已变得粗糙。心头一想,战斗 8 年,妻子忽焉已将近 40 岁了。

3 月底,刘村生活结束了。孙犁原计划在这大地回春、春暖花开之际,前往"冰消雁来"的白洋淀,他觉得那里的诱惑力太大了。但在经冀中区党委所在地河间时,主持"冀中八年抗战写作委员会"的王林要他留下工作。《冀中导报》给孙犁登了麻将牌那么大的一条消息,使孙犁几乎得福,接着又得祸。据孙犁自述,那时区党委听说来了一个作家,拟委以"重要职务",可一位熟悉孙犁的人说"他干不了"，遂让他创刊、主编《平原杂志》（"拟委任"这件事，在第二年土改中给孙犁带来了本可避免或从轻的批判——这是后话）。编辑部就设在《冀中导报》社的梢门洞里，靠墙放一扇门板，就是他的床铺兼座位，床前放了一张小破桌。不久，区党委分配了一位从北京来的女大学生柳溪（清朝纪晓岚的后代，后为作家）。孙犁和她谈话后，心想：从山里出来，我就是一个人办刊物，已经成了习惯，添一个人反倒多一个人的麻烦；又是一个女同志，诸多不方便。于是，便把这个意思给上级回复了。1980年，他曾在一篇给柳溪短篇小说作的序言里说道："我那些年，并不像现在（阎按：指他的晚年）深居简出，蛰伏一处，时常出去云游，芒鞋破钵，云踪无定，一去就是十天半月。回来编刊物、写稿子的时间也不过是半个月。"这位女同志解放后成为有名的作家，我们姑且不论，要注意的是孙犁当时那种不好热闹、淡泊的心态，以及他那种能在艰苦生活里寻找出怡然自乐的诗意，并能运用十分恰当简约的文字加以表达的能力！"芒鞋"即草鞋，"破钵"即破碗——在白话文里融入并不难懂的古文，既简洁而又能生动地传达出作者当年那种负重若轻、悠然自得的超逸心境。

这个刊物，每期都有一个中心。除去同志们热情的来稿，主编孙犁自己围绕这个中心，也写一些梆子戏、大鼓词和研究通俗文学的理论文章，并且每期都仿照鲁迅当年的做法写了较长的后记。该刊大约出了 6 期，停刊了。孙犁曾住在一个农家烟熏火燎的小房子里，伏在破旧的迎门橱上编编写写。在那别人看来似乎"微不足道"的工作里，"也有寒冬炎夏，也有夜静更深"。在这个编辑部里孙犁会见过当时来往冀中，后来成为知名作家的一些作者。在当编辑方面，孙犁也是自觉地师法鲁迅，而在实践中，他确实积累了相当丰富的经验。

在编辑工作之外，孙犁还仿效外面"文人"的习气，在河间八中兼了一个班的语文课。这对于他接近冀中的新一代男女少年，扩大眼界有好处。至此，可以说，孙犁已兼具了大、中、小学的任教经历。

1946 年，孙犁的父亲在安平老家去世（具体时间，孙犁几次回忆有出入，笔者以他 1946 年 5 月 20 日致康濯的信为准）。他回老家办丧事及安顿后事不到 10 天。父亲死后，孙犁才感到自己对家庭的责任——过去，他自己承认一直像母亲所说的，是个"大松心"——此种情感到老都铭刻在心，深怀疚愧。

在河间,生活仍是很艰苦的。冬天他下乡,叔父来看他。他住在一户农家,正屈背弯腰在炕沿烤秫秸火取暖,活像一个叫花子。叔父看到这情景,就饱含着眼泪转身走了。1982年,他在《青春遗响·序》一文中,追忆了这一情况。这篇序言还说:"那时最苦的是文化团体。有的人,在经常活动的地区,找个富裕的农家,认个干娘,生活上就会有些接济。如果再有一个干妹妹,精神上会有些寄托。我是一个在生活上没有办法的人,一直处在吃不饱穿不暖的状态。"但是,革命理想的照耀与鼓舞,使孙犁化苦为甘,不辞万难。在那漫长的战争岁月里,他一直是步行。他喜爱单身步行。"特别是在山地,一个人唱唱喝喝地走着,要走就走,要停就停,有山果便吃,有泉水便喝,有溪流便洗澡,是可以自得其乐的。"1947年,组织上才给孙犁买了一辆破旧的自行车。他视为珍宝,爱护有加,骑了两三年,进城后上交了。参加革命后,孙犁从来不计较地位和待遇,没有向组织伸过手。忠诚、坚贞,自重、自爱,纯洁如荷花,坚贞如磐石,是他的美德所在。在上述序言里,他发出了前后一贯的肺腑之言:"皇天后土,我们那时不是为了追求衣食,不是为了追求荣华富贵才工作的。"

　　至此,孙犁已经发表了不少作品。1946年,孙犁给好友康濯写了不少信,讨论创作问题。孙犁充分肯定了赵树理、康濯小说的优长之处,说自己在创作上所苦恼的是"感情",没有打开生活之门。在一封信里,他由《李有才板话》谈到中国古典小说,表述了非一般作家所能及的卓识:"我以为中国旧小说的传统,以宋人平话8种为正宗,以水浒红楼为典范,再点缀以民间曲调,地方戏的情趣——今天的新小说形式,确实应该从这些地方研究起。"孙犁在中国古典文学领域功夫之深厚,是起自青年时代的。

　　1947年春,冀中地区开始了土地改革运动,同时大生产运动也在支援前线的声浪里蓬勃兴起。春耕热气腾腾,形势喜人。孙犁以《冀中导报》记者的身份,先是去安平几个村庄采访,接着又去博野、蠡县、高阳,还专程走了一趟他时在念中的白洋淀。上一年,他写过一些通俗作品,如《民兵参战平汉线》《蒋介石丑史》(鼓词,佚失)《比武从军》等。今年这段时间,他围绕运动,写了《张金花纺织组》《"帅府"巡礼》等通讯。在白洋淀,孙犁遇见了新世纪剧社的指导员刘纪,刘在主持一个国营的商店。有熟人照顾,这对他深入生活和写作很有好处。在这一地区,他写了《渔民的生活》《织席记》《安新看卖席记》《新安游记》《一别十年同口镇》等作品。孙犁对这一带的新面貌作了生动的描绘,他纵情歌唱穷苦百姓在政治、经济上开始翻身;他也看到了变革中还保留着不少陈旧的东西。"在村里是一垛垛打下来的苇,它们柔顺地在妇女们的手里翻动。远处的炮声还不断传来,人民的创伤并没有完全平复。关于苇塘,就不只是一种风景,它充满着火药的气息,和无数英雄的血液的记忆。"——孙犁,以自己的革命文学创作为生命,一步一个脚印地走着人生的长途。

这一年,孙犁在工作组认识了文艺工作者王昆(1925—)。孙犁眼中她的形象如此:"小姐气重,置身于贫下中农间,每日抱膝坐在房东台阶上,若有所思,很少讲话。对我同情(孙犁曾受批判——阎按),但没有表示过。"半年后,王昆回深泽时,曾绕道到孙犁家中看望。孙犁觉得此情可念。进城后,王昆尚与孙犁通过信。在冀中工作时,孙犁除了和梁斌、康濯、曼晴、秦兆阳熟识,还结识了魏巍、杨朔等作家。

1948年春,孙犁由张岗小区被派往大官亭主持土改工作。根据这一段经历,他后来写了纪实性较强的

《石猴》《女保管》《正月》等小说。

这年夏,麦收时节,孙犁始得回家。按政策,自土改会议后,干部家庭成分不好者,必须回避。孙犁常年在外,自然很思念老母和妻小。到家后,要取出自己所用之物,请贫农团派人监临——衣物均封于柜中。——这一情况,今天的年轻人,恐怕都很难理解了。

夏季发了大水,孙犁所在的工作组在这时也完成了任务。他留在张岗,写了几篇小说。据他回忆,那时常常吃不饱,又要进行艰苦的创作劳动,对身体有一定损害。

1948年秋,随着人民解放军的胜利进军,华北人民政府在石家庄成立。孙犁与好友方纪同行,往石家庄参加文艺会议。方纪会操胡琴,他曾数次在冀中农村为孙犁伴奏,孙犁则放开嗓子纵情唱京剧。这一阶段他俩都在农村参加了刚刚结束的土改,现在一起去开会,兴致勃勃。路经束鹿辛集镇时,孙犁有机会观看了一次京剧。演员是著名的"九阵风",扮演武旦。这场精彩的演出,给孙犁留下了深刻的印象。到石家庄后,这个城市虽说已经解放了,各方面的情况仍不景气,甚至环境安全也成问题,时不时拉警报,有敌机轰炸的危险。一天晚上，孙犁冒着难测的危险，去观看一位唐姓女演员主演的地方戏。不料突发警报，剧场大乱，孙犁急忙从后台跑出。当时解放战争正在进行，形势还不稳定，华北文艺会议的参加者为数寥寥。

在这一次会议上，孙犁初次结识诗人吕剑。吕剑对孙犁的印象是："当时他不过30多岁，给我的印象是淳朴、清爽，有点温文尔雅，有一双笼着水光的眼睛，始终凝神地沉静地倾听别人的讲话。他的眼里隐藏着发自内心深处的微笑。"10多年后，吕剑有机会到天津做客，访问了故友孙犁，写了一篇《孙犁会见记》。

区党委为了让孙犁有机会接触实际，调孙犁任深县县委宣传部副部长。在这里工作期间，孙犁与县上的干部相处得甚是融洽。他的处事原则是：一，不过问工作(挂职也)；二，烟酒不分；三，平日说说笑笑。临别时，县委组织部穆部长给孙犁的鉴定是："知识分子与工农相结合的模范。"孙犁这个人，实际上是善良、温和的，并不难相处。

在深县，孙犁除担任宣传部副部长，还兼任教育科副科长，做了文章以外的一些实际工作。这对改变感情和促进身体健康有好处，他乐于从事。同时，他也产生了创作上的苦恼，感到"蹉跎一再，回首茫然"。此时，孙犁正确地认识到，自己在创作道路上的主要问题"还是工作太少了"；而他的规划则是"总要在这一生里写那么薄薄的一本小说出来才好"。——这番话，是孙犁在写给他的好友、"我的作品的最后鉴定人"康濯的一封信里说的。孙犁说的是实情。他参加过战争，但只是在战争的环境里生活和工作过。或者说是在战争的外围，战争的后方，"转悠了那么10多年"。他背过各式各样的小手枪，甚至背过盒子炮，但那都是"装饰性的"。1948年初夏，孙犁报名亲临了一次前线，在攻取唐官屯的战役中，亲眼看见了几具被帆布掩盖的战士尸体，得知茅盾的女婿牺牲了；而他自己，也"差一点没有炸死在河边上"。所以，孙犁从来不敢"吹牛"，说自己在战斗方面有多少感受，而反倒觉得"我太缺乏战斗经验了"。孙犁有自知之明，他说："实际上，我并没有真正打过仗。我是一名文士，不是一名战士。"明确这一点，对弄清孙犁的人生道路有好处。要孙犁正面描写复杂、残酷的战争场面，看来是不现实的。这一经历，在一定程度上，也暗中制约了孙犁审美理想的建构。在这一方面，与他同年参加抗日的河北作家徐光耀（《小兵张嘎》的作者），则大不相同：在抗日战争时期亲身打过70多仗。具体生活经历的差异，导致了这两位都参加过抗战的作家在描写抗日题材时，所表现的艺术风格迥异。徐光耀是正面写战争的血火交加，残酷严峻，在这个过程中塑造人物，故其作品呈壮丽、阔大、雄奇之美；而孙犁则在战争的背景上，着力从日常生活的变动上描绘抗日民众的人性美、人情美，故其作品呈自然、纯净、优美的韵致。

1948年冬，解放战争进展很快，全面胜利在望。孙犁本来准备冬春之际，在深县发动和检阅一下沉寂已久的乡村艺术。这一工作还未结束，他在深县接到方纪的电话，说区党委叫他到胜芳集合，等候进天津。孙犁赶到河间，与方纪、秦兆阳一同骑自行车至胜芳。原《冀中导报》和《群众日报》两部分人马，奉命在此筹办进城后的《天津日报》。孙犁与方纪两人的任务是负责它的副刊。在胜芳，孙犁写了文艺短论《谈工厂文艺》，另于夜间写成小说《篙儿梁》。天津1949年1月15日解放。进城的路上，孙、方二人骑自行车自由行动；背后有枪声，一路伤员。天黑时分，才找到报社。

国家、民族的历史，打开了新的一页；孙犁的人生道路，也进入了一个新的阶段。

八、进城初期

天津解放当天,孙犁就随同黄克诚、黄敬等同志领导的天津接收组,进入了这个大城市。《天津日报》社在原《民国日报》的旧址办公,于 1949 年 1 月 17 日印出了第一张报纸。孙犁的工作一直是编辑副刊。诗人郭小川是编辑部主任(不久调走),孙犁是副刊科副科长。进入大城市,孙犁面临的主要任务是组织工人文艺队伍,发展工人文艺创作。

孙犁一如既往,对编辑工作兢兢业业,尽力开拓。写于胜芳的短论《谈工厂文艺》,刊于 1 月 18 日的《天津日报》上。他对工作是有筹划的,有规则的,带着充沛的热情的。他极力扶植工人作者,为此付出了艰辛的劳动。几年间,《天津日报》副刊《文艺周刊》不断发表工人的散文和短篇小说，一时涌现出了诸如阿凤、万国儒、董迺相等在全国有一定影响的作者。很明显，孙犁是把培养工人新作者当成了工作的一个重要任务。据他自己说，《文艺周刊》一开始，就办得生气勃勃，作者人才济济。不过，孙犁很谦虚，他说这并不是哪一个人有多大本领，"而是赶上了解放初期那段好时候"。围绕着《文艺周刊》，后来成长起来一批颇有声望的青年作家，如刘绍棠、从维熙、房树民、韩映山等。正是有了他们这个崭露头角、在艺术风格上受到孙犁影响的作家群，不少论者才认为文学界有一个以孙犁为代表的"荷花淀派"。他在《我与〈文艺周刊〉》一文中说："对这个刊物，我是有感情的，也花费过一些时间，付出过一些心力。现在可以提起一点：凡是当时我选用的稿子，不只发表以前仔细看，见报以后，我还要仔细看一遍，看看有无排错，别人有无改动。"

　　他经常给作者写信，而且写得很有感情，很长。作品有缺点，孙犁一般不动手修改，而是写信提出意见，让作者自己改。——这不仅表现了编辑对作者的尊重，而且还从深层上贯穿了孙犁非同寻常的美学思想。他认为："多修改文章，要几遍地修改。修改文章，不是单纯的文字技术问题。这样做,可以增加作品的生活幅度和思想深度,也是形成风格的重要因素。"因为,文学是语言的艺术,在语言文字上越俎代庖,拔苗助长,怎能培养出真正的作家和出色的作者呢?现在,一些中小学生的作文,家长的修改太多,甚至于代写,这种做法是与孙犁的做法背道而驰的。路得自己走,创造性产生于主体的精神内部与实践过程之中。孙犁把文艺园地视为苗圃:花木的成长自然需要阳光、水分、肥料、土壤等条件;但是,给花木的幼苗施肥太多,浇水太多,都不会有好的结果。晚年,孙犁几次谈到这一问题。

能够得到孙犁这样的老师指导,是十分幸运的。孙犁总是能把大的原则与创作的细微之处结合起来,在指导的过程中阐发过不少创造性的命题。报纸副刊,篇幅小、容量不大,这就要求作者在短小精悍上下工夫。在《勤学苦练》一文中,他指出:"也可以多看一些小品画,小的艺术制品,古典小戏剧,这也可以帮助我们了解:一篇短篇小说怎样写来,才能引起人们的爱好。"如此的见解,打破了艺术门类的界限,从作品的容量、艺术形式与美学精神上看问题,实在是发人所未发。针对一般青年作者容易犯的毛病,他苦苦告诫:

"应该多写，但不要滥，也不要大同小异。写得多，而不滥不重复，契诃夫做得最好。"——站在大中学文科教师的角度，或站在中小学学生的角度，认真思考一下，我们自己所经历的，有几个老师能在文学创作与语文教学中，像孙犁这样循循善诱而又金针度人呢？他的教诲，在今天仍然具有很大的参考价值。这篇《勤学苦练》虽是1962年写的，但它包含着孙犁20世纪50年代的编辑经验，这是无疑的。

　　1949年进城时，孙犁36岁，可谓年富力强。告别了战争年月，工作条件改善了，孙犁又进入了创作上的一个高潮期。他的创作在业余进行，初期写了不少反映天津新生活的散文，到1962年结集为《津门小集》出版。刚从生活的沃土里走出来，战争年月多少动人的场景和人物历历在目，在艺术上起点高而又接近成熟的孙犁，在1949至1950年两年就写了《篙儿梁》《吴召儿》《山地回忆》《小胜儿》《正月》等11篇短篇小说。而在1949年秋，孙犁的中篇小说《村歌》脱稿。长篇小说《风云初记》的一、二、三集，在1950至1954年完成，其一、二集分别于1950年、1953年由人民文学出版社出版。此外，他还结合编辑、读书与自己新旧作品集的出版，也写了一些评论、随笔。在理论上，孙犁这期间写了《论培养》《论情节》《论风格》3篇美学论文。

1951年10月,孙犁随以冯雪峰为团长、曹靖华和陈荒煤为副团长的代表团前往苏联访问。团员有李季、柳青、魏巍、马加、徐光耀等10多人。这次集体出国,孙犁才与李季真正熟起来。孙犁的性情好静,对出国访问没有多少兴趣,并感到非常劳累。节奏之紧张,整日之奔波不息,使孙犁视之为抗日战争时期的"反扫荡"。特别是每天一早,团部传出服装、礼节等等应注意事项,那都是要不折不扣地执行的,因为即便是细节也关乎国家形象和纪律。孙犁回忆说:起床、盥洗、用饭,都很紧迫。书斋里的孙犁,可以说是井井有条,从容不迫,但在这个规定严格、不断转移的日子里,自谓"生性疏懒,动作迟缓"的孙犁,不免越紧张越慌乱。比孙犁小9岁的李季,动作麻利,好整以暇。他能利用蹲马桶的时间,刷牙,刮脸,穿袜子,系鞋带。有一天,团部忽然通知:一律西服。孙犁进城以来,农村习惯牢固,似乎从来没有想到过穿西服。他不会系领带,早早起来,面对镜子,正在发愁之际,李季忽然推门进来,衣冠楚楚,笑着说:

"怎么样,我就知道你弄不好这个。"

　　然后,快速地给孙犁打好了结,就像战争年代,替一个新兵打好背包一样。

　　那次出国访问,有时不外出参观,李季就会把门一关,向同伴们提议:请孙犁唱一段京戏。在那个代表团里,似乎孙犁是唯一能唱京戏的人。每逢有人要他唱京戏,他就兴奋起来,也随之激动起来。李季便说:"不要激动,你把脸对着窗外。"

　　孙犁回忆说:"他如此郑重其事,真的是欣赏我的唱腔吗? 人要有自知之明,直到现在我也不敢这样相信。他不过是看我终日一言不发,落落寡合,找机会叫我高兴一下,大家也跟着欢笑一场而已。"孙犁进而提炼了自己独特的人生哲学中的一个侧面:"人之相知,贵在知心。对于李季同志,我不敢说是相知,更不敢说是知己。但他对于我,有一点最值得感念,就是他深深知道我的缺点和弱点。我一向不怕别人不知道我的长处,因为这是无足轻重的。我最担心的是别人不知道我的短处,因为这就谈不上真正的理解。"

　　在苏联,孙犁参观了托尔斯泰故居和墓地,以及诗人马雅可夫斯基故居等名胜,接触了许多著名作家。访苏回来后,孙犁写了《马雅可夫斯基》《托尔斯泰》《在苏联文学艺术的园林里》等文章。回国后,孙犁被刚解放时他兼过职的一所大学中文系请去作报告，主要讲了不同国度的不同意识形态以及民族风格和心理的差异。

任何事情，都有两面性。一方面是创作上的凯歌行进，另一方面也产生了新的苦恼。进城后，他所写的是历史小说，时间长了，觉得有些沉闷；尝试写电影剧本，并不顺畅，有时不免觉得自己才力不足。家人团聚是好事，但同时也是一种干扰。孙犁曾给好友田间、康濯说过关于如何改变工作方式的问题。

1956 年 3 月间，一天中午，孙犁午休后起来晕倒了，跌在书柜的把手上，左面颊碰破了半寸多长，血流不止，被报社同事送到医院缝了 5 针就回家了。

那时，孙犁正在写中篇小说《铁木前传》，临近完稿。在此后的记忆中，孙犁总是把这场大病与《铁木前传》的写作联系在一起。甚至，认为这部中篇是"不祥"的。

《铁木前传》这部中篇，以诗意的笔触描写了铁匠傅老刚、木匠黎老东以及他们的子女六儿、九儿的故事，对小满儿这一人物的开掘很有深度。与早期作品相比，注重了对人性的复杂性的刻画。

孙犁自幼身体素质不好。上中学时就犯过严重的失眠症,面黄肌瘦,同学们为他的健康担心。抗战期间,在山里因为长期吃不饱饭,又犯过一次。中午,他常常一个人跑到村外大树下静静地躺着。——他对这种病没有多少常识,也没有认真医治过。

《铁木前传》当时写到了第 19 章,一病只好匆匆结束了。19 章只有 1000 多字,20 章只有几百字。这部充满诗意的小说,在畅快活泼之中,也交织着苦涩与沉重。

进城后的四五年间,孙犁创作丰盛,自 1954 年开始,到 1956 年大病以前,写的东西渐渐少了。1954 年,孙犁尚有两篇关于《红楼梦》的文章发表。《红楼梦的现实主义成就》一文,以"林冬苹"的笔名发表于 1954 年 12 期的《人民文学》。1955 至 1956 年,孙犁除了写《铁木前传》外,所写文章仅 10 篇左右。

大病以后,孙犁就开始了他后来所说的"10 年荒于疾病"的时期了。

九、"荒于疾病"的 10 年：
在作家学者化的道路上

1956 年 3 月的大病，使孙犁的文学道路出现了顿挫与低潮。

跌跤之后，报社的同志们都劝孙犁出外旅游。虽说有病，但毕竟人在中年，尚有余勇可贾，还不像后来那样害怕出门。他请报社和文联给自己打算去的地方开了介绍信，5 月初便孤身上路了。

战争年月，孙犁把单人徒步行路，浪漫地看做"云游"。这次外出，一路坐火车，舒服多了，所到之处生活条件相当不错，孙犁视为"革命所赐"。

第一站是济南——这是孙犁小时候就向往其风景的地方。作家王希坚给他找了一间清静的房子,吃饭也方便。游览区很是热闹,小商小贩摆摊叫卖。文联大院,有泉水,种植着荷花,环境幽雅。在济南,孙犁参观了珍珠泉、趵突泉、黑虎泉。那时水系还没遭到破坏,趵突泉的水还能涌起三尺来高。他还游了大明湖、千佛山,乘坐了彩船,观赏了文物。千佛山游客稀少,像游荒山野寺一样——这正是孙犁所喜欢的。在济南,遗憾的是匆忙之中没有找到古旧书店,听说这里不但古书多,而且价钱比京、津要便宜得多。

　　第二站是南京。孙犁游览了中山陵及其附近的灵谷寺,"一路梧桐林阴路,枝叶交通如连理,真使人叫绝"。还游了雨花台、玄武湖、鸡鸣寺、夫子庙;没有游莫愁湖,没看秦淮河。奔袭突击,颠簸劳顿,这样的游山玩水,使孙犁非常疲乏。为了调剂,他利用间隙,逛了逛南京的古旧书店,好书不少,可惜天色已晚,来不及细看,就回旅舍了。回来后,孙犁通过函购,从这里买了不少古籍,其中并有珍本——这是后话。多年后孙犁想:像这样的旅行,还谈得上怡情养病吗?到了一处,走马观花而已,连凭吊一下的心情都没有。他觉得,别的地方犹可,南京这个地方,"且不说这是龙盘虎踞的形胜之地,就是六朝烟粉,王谢风流,潮打空城,天国悲剧,种种动人的历史传说,就没有引起我的丝毫感慨吗?"——确实没有,孙犁病弱之身,是太累了。人的精神必须依附于血肉之躯,哪能只凭一己的兴趣呢? 这次出游,孙犁说他的表现有点像凡夫俗子的每到一处,刻名留念,无非是安慰自己:我一生一世,毕竟到过这些有名的地方了。

第三站是上海,所住为最繁华的地区,对养病不利,只能加重神经衰弱。孙犁去逛书店,正值古籍书店开张,琳琅满目,他就买了几种旧书,其中有仰慕已久的戚蓼生序小字本《红楼梦》。购得此书,孙犁觉得不虚沪上之行。

最后一站是杭州。文联让孙犁住到灵隐寺。那里,周围是百里湖山,寺内是密林荒野。夜晚,孙犁忽生恐怖之感。他后来回忆说:"我最怕嘈杂,喜欢安静,现在置身山林,且系名刹,全无干扰,万籁俱寂,就觉得舒服了吗? 没有,没有。青年时,我也想过出世,当和尚。现在想,即使有人封我为这里的住持,我也坚决不干。我现在需要的是一个伴侣。"在灵隐寺,孙犁住了三天,亲睹寺内的"庙宇建筑,宏美丰丽",是他在北方所没有见过的;而殿内的"楹联牌匾,佳作尤多"。西湖的有名处所,孙犁都去过了。他结束了自己的行

程，取道上海，回到天津。

1983年夏，孙犁写了散文《1956年的旅行》，记叙了我们上面提到的情景。四分之一世纪过去了，经岁月淘洗留下来的旅游镜头，仍然是鲜明的。

1956年秋，孙犁的病情加重，自己也感到不久于人世。家人和同事，也都觉得他活不长了。好友康濯答应给他编集子。在天津住院、疗养几个月，都不见效。1957年春，孙犁被送到北京红十字医院。这里医护、住房条件很好，中宣部秘书长李之琏等北京友人为他请来北京名医会诊。丁玲也给他请来湖南医学院的一位李姓大夫，替孙犁开处方、讲病理。

不久，他转到昌平小汤山疗养院。在此，孙犁竟住进了一处高级房间。他学会了钓鱼和划船。温泉湖里的草，长得很是翠绿柔嫩，它们在水边水底摇曳，多情而妩媚，在孙犁的心中，"甚于西施贵妃"。他的病慢慢好起来了，开始有了对人的怀念、追思和恋慕之情。于是，他又想看书了。孙犁在疗养院附近的小书店，买了新出版的《拍案惊奇》和《唐才子传》。有时从公主坟游玩回来，他就看看《聊斋志异》。医生知道了，让他别看。到了11月，天气渐渐冷了。孙犁那时不听广播,但这里的广播喇叭声音很大,走到湖边就可以听到,正在大张旗鼓地批判"右派"。孙犁记得很清楚,有一天,他听到了丁玲的名字。在这种形势下,孙犁的心情自然也是沉重的。丁玲,是孙犁从青年时代就崇敬的老作家;而在丁玲的心目中,孙犁算得上是她佩服的作家之一。新时期丁玲复出后,他们有书信往来。

1958年1月,孙犁由小汤山转到青岛的疗养院。这里人多,得各种病的都有。孙犁遇到了各界的一些知名人士,他们多数带着政治上的不如意,其时"反右"斗争已经进入高潮。孙犁在这里住了一年多。他生性孤僻,先是在海边捡些石头,后来是在海边散步。有幸的是,孙犁有机会去逛了一次崂山。"印象最深的,是那两棵大白果树,真是壮观。看了蒲松龄描写过的地方,牡丹是重新种过的,耐冬也是。这篇小说,原是我最爱读的,现在身临其境,他所写的环境,变化并不太大。"——孙犁所说的是《聊斋志异》中的《香玉》这篇小说。在青岛期间,每星期,有车进城里,孙犁不买别的东西,专逛书店,买了不少丛书集成的零本,看完后寄回家中。这是孙犁自觉不自觉地迈向学者化道路的一个表征。

1959年,过了春节,孙犁由青岛转到太湖。这一次，他才知道了社会上的饥饿，"除四害""大炼钢铁"的一些情况。在此，孙犁遇见了一位读过他的小说的同乡，他把在火车上的见闻告诉对方，这位同乡对孙犁下的评语是"不会写恋爱"。孙犁自嘲：这与另一位同志的评语"不会写战争"，正好成为一副对联。

1958 至 1960 年，孙犁仅仅写了两三首诗歌，没有其他作品。1962 年，从初春开始，写了《病期琐记》两篇——《黄鹂》和《石子》，回忆性散文《回忆沙可夫》《清明随笔——忆邵子南同志》《某村旧事》，及多篇作品集的后记。他的身体有所恢复。1961 至 1962 年，文艺政策有所调整，孙犁又跃跃欲试；但他所写的，多数为作品后记之类。1962 年春季，孙犁为长篇小说《风云初记》编排章节并重写尾声。该小说于 1963 年上半年出版一、二、三合集及第三集单行本。这是一部描写孙犁家乡一带抗日战争的小说——被评论界认为是一部诗意的小说。

养病回来的几年间，在冉淮舟的大力帮助下，孙犁的新旧作品集《津门小集》《风云初记》《白洋淀之曲》《文学短论》等陆续出版。由 1964 年到 1966 年"文革"前，孙犁所写文章不过四五篇，可以说是基本搁笔了。身体不大好，是一个原因；但更重要的缘由是政治文化语境的日益紧迫，阶级斗争的气氛日益浓厚。孙犁是敏感的，谨小慎微的。他在1962年春所写的散文《黄鹂》中，就说那两只黄鹂发现有猎人向它们射击时，成为"惊弓之鸟"，看来似为一种象征；而孙犁又在别的文章中指出作家在解放后的运动中，成了"惊弓之鸟"，这正是他自己当时心态的流露。此前，他在解放初期逐渐萌生的想当"藏书家"的念头，愈益明确化，更多地体现于行动。认真说起来，这要当"藏书家"的愿望，是作家孙犁在"左"风起于青蘋之末、日益严峻的形势下，对自己人生道路和文化定位的一次重要调整，对自我生存状态的一个防卫性措施。实属不得已而为之，但却不失文化人的本分。爱书、读书不能变，而"藏书家"的定位，自然把往昔只是买书的做法提高到一个新的高度上。

孙犁在一次访谈中说："我养病回来，已经是1960年了，回来才大批买书。当时，有点稿费，我又不好买别的东西……过去没有钱，现在钱比较方便了，我没别的用途，不买房子，不买地。田间劝我在北京买一所房子，他们都买了，很便宜。那个时候，北京呵，几千块钱就可以买个四合院，我跟老伴商量，无论如何不买房……我就各地方去邮购书,除了在天津逛旧书摊,南京啊,上海啊,苏州啊,北京啊,各地方去要目录,要了我就圈上圈,寄回去,他们就给我寄书来。我那个台阶上,每天邮政局给我送一大包、一大包的旧书","当时的想法……是要当藏书家"。在妻子的陪同下,孙犁多次去旧书店。从那里,他购置了不少稀有版本的线装书:《清稗类钞》《小腆纪年》《野史无文》《艺舟双楫》《曲洧旧闻》《西游补》……涉及各类古籍。甚至,他还买了《东华录》、明清档案、宦海指南、入幕须知、朱批谕旨等一般读书人不见得要看的书籍。据孙犁在此期间致友人的书信,可知他在 20 世纪 60 年代初期,读过《校注嵇康集》《林则徐日记》《楚辞通释》《纲鉴易知录》等古旧书。现在,我们读读耕堂老人的《书衣文录》《耕堂读书记》等著作,便知道他在研读古籍方面所下的工夫之深了。

　　孙犁慢慢收集经、子、史、集四方面的书,虽说不完备,但也相当可观。二十四史,他只缺《宋书》和《南齐书》两种。认真读过的有《史》《汉》《三国志》和《新五代史》几种,还通读了《纲鉴易知录》,购近人历史著作多种,还买了《十六国春秋》《十国春秋》《吴越备史》《七家后汉书》等等,买了不少明末野史、宋人笔记、宋

人轶事、明清笔记。《世说新语》和《太平广记》都有四种本子。《红楼梦》《水浒》的版本都有数种。各代文学总集，著名作家的文集，从汉魏到宋元，大体齐备。还买了近代学者梁启超、章太炎的全集，王国维的主要著作，还有其他杂书多种。

孙犁买书，有一个特点，就是按照鲁迅日记后面的"书账"购求，得十之七八。这里需要指出，孙犁想当藏书家除了经济宽裕、世事有变的原因，还有一个心理上的自卑情结："我小的时候，上的是'国民小学'，没有读过'四书五经'。不知为什么，总觉得是一种缺陷。"但既经购藏，就势必要读。读进去了，就对古代著名作家、思想家的著作、思想、生平有所了解，对其中有的人的文品和人品产生企慕，如司马迁、欧阳修、王船山等大家。这一过程，从解放初期逐步开始，到大病后着力进行，一直持续到他封笔的1995年夏。可说是旷日持久，念兹在兹，一往情深，终于成就了一位学者型的当代作家。

细细玩味孙犁晚年文字，那极为精练、活泼、老到又有蕴涵的功力，那遣词造句的出神入化，实在是扎根于中国古代文史的沃土之中的！

根深才能叶茂，源远才能流长。除了以鲁迅、郭沫若、茅盾、闻一多为代表的五四时期的一批学者型作家，不要说解放区走出来的作家，就是后来的各个作家群体，包括当代作家，在读书、藏书和不断"充电"方面，能够与孙犁并驾齐驱的，似乎也寥寥可数。

孙犁说，作品靠历史和读者来筛选。

十、"废于遭逢"的 10 年：在劫波中重生

"十年荒于疾病，十年废于遭逢"这两句对自己 20 年间经历的概括，是孙犁于 1978 年 9 月致评论家阎纲信中的话。"荒废"一词，表示弃置、荒疏、浪费之意，多用于土地、学业和时间等方面。学业的延伸则为事业。令人感到不无巧妙的是，孙犁此处的说法，竟把以上三项全都囊括了进去：20 年是宝贵的时间，创作是神圣的事业，而"土地"则转化为对他的笔"耕"的喻意表达。细思之，"废"在程度上比"荒"要严重，包含着废弃、毁坏之意。联系到"文革"，对孙犁的迫害，是深深地触及他的身心两个方面了。

多年前的一个晚上，在回答机关传达室一位工作人员关于稿费问题的问话时，因"语言细故"，孙犁无意中得罪了那人。机关运动刚开始，那人成为造反派头头，对孙犁存心报复。报社和整个社会上都是一片杀气，人心惶惶。高音喇叭整天歇斯底里地吼叫，矛头所向，除了当权派之外，作家也难以逃脱。运动刚开始，孙犁的脑子还是很清楚的：这又是权力之争，我是小民，不去做牺牲。先是孙犁的家被抄，前后数次。10个书柜，全部被抄。信件、资料，甚至写有他字迹的纸片，都被洗劫一空。一次抄书时，孙犁的小女儿以红卫兵的身份问造反派：

"鲁迅的书，我可以留下吗？"

"可以。"

"高尔基的呢？"

"不行。"

于是，"高尔基"被捆走，"鲁迅"被留下。领头的是一个水工，孙犁当时以为他的答复"蛮有水平"。

抄家过后，家人又自抄一次。这样，文字资料就几乎荡涤一空。

不久，孙犁一家被强制搬到离报社很远的小房间，还在墙壁上凿了一个洞，用以监视他们一家的行动。

老伴劝孙犁：

"你也得想开一点呀，这不是运动吗？你经过的运动还少吗？总会过去的呀……"

一个晚上，开批斗会，孙犁得罪过的那个头头，让他站排头。每一个"牛鬼蛇神"配备上两个红卫兵，把胳膊挟持住，就像舞台上行刑一样，推搡着跑步进入了会场。然后是百般凌辱。孙犁认为，这是奇耻大辱，难以忍受。

当夜，孙犁支开家人，拧下小台灯的灯泡，然后用手指去触电，手臂一下子被打回来，竟没有死。后来，曾想从五层楼顶跳下，想用镰刀……都没有死成。不久，孙犁被派到干校"牛棚"接受改造。

孙犁在干校，盖过房，种过地，看过牛。一位难友回忆道：

> 我见他身穿一件薄棉袄，腰里束着一条腰带，手里拿着一把铁粪铲，本来就颤抖的头颅在寒风里更加摇动。他当时的形象，使我想起了战国时代的爱国诗人屈原的《行吟图》，太像了！此时孙犁高昂着头，迎风而立，我想：他心里正汹涌着新的《离骚》吧？

刚到干校时,孙犁被分到离厨房近的一间小棚。一天,他睡下得比较早,一位原来很要好的同志,进来说:

"我把这镰刀和绳子,放在你床下面。"

当时,孙犁还以为他去劳动,回来晚了急着去吃饭,把东西先放在这里。就说:

"好吧。"

第二天,专政室的头头训话,忽然那位同事说:

"刚才,我从他床铺下,找到一把镰刀和一条绳子。"

孙犁非常愤怒,不知从哪里飞来的勇气,大声喝道:

"那是你昨天晚上放下的!"

事情弄清楚了,还了孙犁一个清白。在场的不少排队者,对孙犁的勇气感到惊奇,称快一时。不然,镰刀和绳子,在那时是凶器呀!

干校发生的两件有点文学意味的事情,孙犁把它们写进了《芸斋小说》里的《女相士》和《高跷能手》。从中可以看出,孙犁对生活和人性的开掘,实在是力透纸背的。

干校结束，孙犁回到报社。在他临近解放之时，他的老伴病故。她患有严重的糖尿病，引发了其他病症，于1970年4月15日去世。孙犁虽说有思想准备，但仍是很悲痛的。恩爱夫妻40年，一朝永别，说不尽的、刻骨铭心的往事，都一齐涌上心头。早年，妻子操持家务，敬老爱幼，没有睡过天明觉，片刻时间都要花在纺织上。每逢假期已满，学校开学之日，妻子总是听着窗外的鸡叫。鸡叫头遍，她就起来做饭，鸡叫二遍再把丈夫叫醒。战争年月，兵荒马乱，她更是操不尽的心。孙犁长年在外，她成了家里的台柱子。进城后，在接连不断的运动中，她又以朴素的感情和语言为丈夫宽慰。在夫妻情分上，孙犁说她没有一件事情对不起自己。

她生有二男三女，长子孙普患病夭折。在她生前，孙犁对孩子们说过：

"我对你们，没有负什么责任。母亲把你们弄大，可不容易，你们应该记着。"

至于妻子是他的第二语言源泉之事，身边的朋友们都知道，孙犁又怎能忘记呢？妻子一些朴实生动、泥土气息浓厚而又趣味津津的话语，孙犁写进了自己的作品。它们像熠熠生辉的珍珠，吸引着人们的目光。

1971年,孙犁被宣布"解放",允许到报社文艺组上班。他的任务是登记来稿,给作者复信。作为一名老编辑,他自然知道自己所做的事情,实际上不过是见习编辑的工作。不用说,那时的报社,还是被"四人帮"的那一套意识形态统治着。孙犁,作为一位思想敏锐、秉性刚烈的哲人,他不能不感到精神上的歧视和威压。一段时间,报社的主任,每逢看到孙犁坐在沙发上休息,便投来睥睨的眼光。对此,孙犁神色自若,泰然处之。他没有讨好上司的习惯,更不会向帮派势力献媚。

有一天,一位旧日的女同志,出于好心,担心他不了解当前文艺工作的"精神",便热情地说:

"你很长时间在乡下劳动,对于当前的文艺精神、文艺动态,不大了解吧?这会给工作带来很大困难。"

说着,就拿出林彪、江青的一大叠语录卡片,一一给孙犁宣讲。

孙犁何许人,他对这些东西全然听不进去。他此时思接千载,想到了马克思、亚里士多德的权威和才智;想到了古代的邪教到底是靠教义还是靠刀剑传开的;想到了第二次世界大战之初,除去一些不逞之徒外,为什么有那么多人跟着希特勒狂叫乱跑;是真心信

服他，还是为了暂时求得活命？

这是一位哲人的历史探索，是一朵红荷的暗播幽香，是一座高台的傲睨悲风。

报社的革委会主任，后来可能想到了孙犁的文学成就和社会地位，提出让他当文艺组的顾问，被孙犁一口回绝。

"文革"期间，孙犁没有发表过一个字。他耻于和那些帮派人物的名字在同一版面上出现。孙犁，这位大作家，正在以自己犀利的目光、高人一筹的智慧，阅读着人间和社会这一部大书。

1972 年春，他向报社提出"体验生活，准备写作"，被批准回乡。在他的意念里，这次回老家，像鲁迅所说的，有一种动物受了伤，并不嚎叫，挣扎着回到林子里，倒下来，慢慢自己舔那伤口，求得痊愈和平复。孙犁每天背上一个柳条大筐，在路旁砍些青草，或是捡些柴棒。有时登上滹沱河大堤观望，有时走走亲戚。孙犁似乎沉浸在乡风乡情的温馨之中：

> 又听到了那些小鸟叫，又听到了那些秋虫叫，又在柳林里拣到了鸡腿蘑菇，又看到了那些黄色紫色的野花。

没想到，一个电话，突然把孙犁召回天津，上级要求他参与样板戏的写作。这是命令，带有半强制性质。市委文教书记王曼恬接见了他，希望他帮忙搞个样板戏剧本。孙犁想："罪该万死——样板戏——我还没有正式看过一出、一次。"那时已经有了一本写白洋淀抗日斗争的京剧。一个晚上，孙犁去看演出。他的印象是："整个戏，锣鼓喧天，枪炮齐鸣，人出人进，乱乱哄哄。"第二天座谈时，孙犁提出了自己的意见，那些"文艺战士"怎么也听不进去。夏天，剧组又去了一趟白洋淀。孙犁看到了那里的现状，满眼都是虚伪和罪恶，"就像风沙摧毁了花树，粪便污染了河流，鹰枭吞噬了飞鸟"。他深深感到："世事的变化，常常是出乎人们意料的。每个时代，有每个时代的血和泪的。"回到天津，剧本讨论了好久，没有结果。孙犁想了一个金蝉脱壳之计，交上一个简单剧本，声明已经无能为力了。剧团当然没有采用他的剧本。

那一次在白洋淀，孙犁认识了一位能演花旦和反串小生的青年女演员。由她扮演市里那个剧本的主角。"她那一头短发，一身短袄裤，一顶戴在头上的破军帽，一支身上背的木制盒子炮，一举一动，都使旧有的京剧之美、女角之动人，在我的头脑里破灭了。"

他们经常坐船到村外体验生活。有一幕情景，久久地留在孙犁的印象中：

> 有一次回来晚了，烟雾笼罩着水淀，我和这位演员坐在船头上，我穿着单衣，身上有点冷，从书包里取出一件棉背心套在外面，然后又没精打采地蜷缩在那里。可能是这种奇怪的穿衣法，引起了她的兴致；也可能是想给她身边这位可怜的顾问增添点乐趣，提提精神，驱除严寒，她忽然用京剧小生的腔调，笑了几声，使整个水面都震荡，惊起几只水鸟，我才真正地欣赏了她的京剧才能，并感到了她对我的真诚的好意。

身处逆境的孙犁，其思想感情是深沉、细致的，对生活和艺术的感受，是十分敏锐、能进入精微之境的，其是非之心是判然分明的。他一点也不游戏人生，也不游戏艺术。在《罗汉松》这篇芸斋小说中，孙犁就刻画了一位"不只游戏人生，且亦游戏政治"的"善游者"——老张的形象。把他的行状与孙犁对照一下，或许意味深长。"文革"期间，孙犁的所作所为，是对得起白洋淀那"出淤泥而不染"的荷花的。

《书衣文录》单行本于 1998 年,由山东画报出版社出版。共 11 万余字,其中有 5 万字是孙犁在"文革"期间所写的,时间集中于 1974 至 1976 年 3 年间。这部分文字的重要性,在于它实际上是孙犁在"文革"期间的部分日记。他自己就说过:"余向无日记,书衣文录,实彼数年间之部分日记片段。"1979 年夏,孙犁在报刊发表《书衣文录》的部分文字时,写了一篇《序》。他说,20 世纪 70 年代初,他身虽"解放",意识仍被禁锢。不能为文章,亦无意为文章。很长时间,他用废纸包装发还的旧书,然后,用毛笔题写书名、作者、卷数于书皮之上。在意识层面上,动机是"消磨时日,排遣积郁",这无非一种文字积习,"初无深意存焉"。但另一方面,题字时,"内心有不得不抒发者",于是,孙犁属望:"路之闻者,当哀其遭际,原其用心。"——"初无深意",言外之意就是说后来便有蕴涵之意了;而其"不得不抒发的"的"深意"和"用心",正是我们今日所要发掘的。

1966 年,孙犁在《金陵琐事》一书上题写道:"忆鼓捣旧书残籍,自 14 岁起,则此种生涯,已 40 年。黄卷青灯,寂寥有加,长进无尺寸可谈,愧当如何?"孙犁的内心,是以读书人的本分来要求自己的,而无视乃至消除了外部的时代潮流。1972年，一则文字写道："余已搬回原住处，然身处逆境，居已不易。花木无存，荆棘满路。闭户整书，以俟天命。"其心情的沉重，是灼然可见的。

一处说："能安身心，其唯书乎！"身处逆境，加深了孙犁对书籍的热爱。晚年，读书是他的"黄昏之恋"，是他"唯一之精神支柱"。明白了这个道理，就不难理解孙犁在那场运动中，不肯追风逐浪、随人俯仰的缘由了。

1975年1月，他在《二刻拍案惊奇》一书书衣上题道："此人情小说也。余昧于社会人情，吃苦甚多。"孙犁爱书、读书、写书，正道而行，他是看不起圆滑世故的人的。

1975年3月，孙犁破例自拟题目《"今日文化"》，题写了数百字的专论，对"文革"后期的社会情状做了惟妙惟肖的刻画和鞭辟入里的揭露："红帽与黑帽齐飞，赞歌与咒骂迭唱。严霜所加，百花凋零；罗网所向，群鸟声噤……遂至文坛荒芜，成了真正无声的中国。他们把持的文艺，已经不是为工农兵服务，是为少数野心家的政治赌博服务。戏剧只有样板，诗歌专会吹牛，绘画人体变形，歌曲胡叫乱喊……"这里，已经是完全置生死于度外,对"四人帮"一伙发出战斗的檄文了!

耕堂并不柔弱,他的性格和气质中,暗含着刚烈的底蕴。在那艰难时世,他的思维是与时代逆向的。1975年6月,他在《曲海总目提要》的书衣上写道:"人恒喜他人吹捧,然如每日每时,有人轮流吹捧,吹捧之曲调,越来越高,就会使自己失去良知,会做出可笑甚至危险的事来。"显然,他针对的是当日盛行的个人崇拜之风。"文革"的逆风,把孙犁心中的火苗越吹越旺,使它奔突起来,猛烈地燃烧起来。那炽热,那光彩,那激愤的内心呐喊,都发散、照耀在《书衣文录》的字里行间,回荡在《书衣文录》的艺术世界里。

早年的"行云流水",经"文革"的淬火,一变而为晚年的"虎啸龙吟"。那声音,是深沉的,悲壮的,能震撼人的心灵的。

1975年1月24日,孙犁在给冉淮舟的信中说,请这位朋友给他在旧书店看看,有无《唐才子传》(任何版本)《中国大文学史》(谢无量)《管子》,各代买一部。整理旧书,包书皮,写寥寥数语的"书衣文录",一直是孙犁日常生活中的一件大事。在这里,他自伤自念,忧

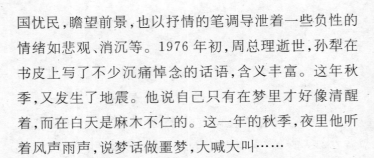

国忧民，瞻望前景，也以抒情的笔调导泄着一些负性的情绪如悲观、消沉等。1976年初，周总理逝世，孙犁在书皮上写了不少沉痛悼念的话语，含义丰富。这年秋季，又发生了地震。他说自己只有在梦里才好像清醒着，而在白天是麻木不仁的。这一年的秋季，夜里他听着风声雨声，说梦话做噩梦，大喊大叫……

在当日的情势下，一个人愈是清醒，他就会愈加痛苦。这期间，孙犁也产生了一些消沉情绪。直到"四人帮"覆灭，他才得到挽救。严格地说，孙犁的灵魂的真正复苏，有所作为，是在三中全会以后。久受迫害的孙犁，和全国人民一样，欣喜地看到：历史翻开了新的一页。

十一、呕心沥血的18年：成就当代散文大师（上）

1976年10月，党中央一举粉碎"四人帮"，春天又回到了人间。全国人民一片欢呼，中华大地透出勃勃生机。文艺界是重灾区，广大作家的欢欣是不言而喻的。孙犁这一年已经63岁。历史的经验告诉他，形势的发展仍需要观察。他不无欣喜，但积久形成的悲愤、压抑的心理，还有一个复苏过程。揭批"四人帮"的斗争在进行，但政治思想领域仍有起伏动荡。孙犁多年受到迫害，身体病弱，不可能一下子就投入大规模的创作。但他的精神状况从总的方面来说，是积极的，力求振作的。1977年2月24日，即粉碎"四人帮"4个多月之后(旧历腊月二十七日),孙犁在《曹子建集(上)》的书衣上题写道:"又值岁暮。回忆一年之内,个人国家,天事人事,均系非常。心情百感,虽易堂号为晚抒,然不知究可得与否。仍应自励自重,戒轻戒易,安静读书,不以往事自伤,不以现景自废。"在此,"百感"表明其感情的复杂,而"晚抒"则体现了作家本人一种主导性的感情质态与生存理想。

孙犁大量的文学创作,是从1977年开始的。1976年年底,他写了散文《远的怀念》,以深沉、诚挚的感情回忆了战友远千里的事迹,倾诉了对"四人帮"残酷迫害这位杰出文艺战士的悲愤。1977年1月,他又写了《伙伴的回忆》,深切怀念在"文革"中受到邪恶势力迫害而身亡的侯金镜和郭小川。笔端凝重,如泣如诉,感人至深。孙犁说他在新时期的写作是从回忆战友开始的。后来,他还陆续写了多篇这方面的文字,在他复出之后的创作中形成了一个不太不小的系列。应该提到,因为这方面的写作数量不少,孙犁用心很细,不断地研究历代悼亡文章的写法,掌握了其精髓与要点,用之于自己的写作。后来他所写的《悼李季同志》《悼念田间》《关于丁玲》《悼康濯》《悼曼晴》,还有在很大程度上把自己的经历和思想感情也深深融入其中的《记邹明》，都堪称力作。此种题材的写作，构成了晚年孙犁散文创作的一个重要分支。他对散文理论的提炼和建构，是离不开这方面的写作实践的。

　　1977年7月，《人民文学》编辑部的两位编辑来天津，访问孙犁并向他约稿。题目是谈短篇小说创作。针对"四人帮"在这一领域的破坏及其流毒，孙犁畅所欲言，发表了十分精辟的看法。那些年间，短篇的冗长之风泛滥。孙犁说："短小精悍是文学艺术的一个高度境界"，而"从概念出发，强拉硬扯，编造故事互相'观摩'，互相'促进'，神乎其神，而侈言'高于生活'，这就是当前有些作品千篇一律凌乱冗长的重要原因"。关于短篇小说的定义，如什么横断面呀，采取最精彩的一瞬间呀，故事性强呀等等，孙犁认为"只能参考，不可全信"。因为有的写纵断面也很好（如中国流传下来的短篇，大都有头有尾），而契诃夫的短篇，故事性并不很强，都写得很好。针对集体创作一度盛行之风，孙犁强调文学固然是党和社会的事业，但是要通过个人劳动而产生，应该"自己经营，独出心裁"。这些观点，对当时的文学界，不啻及时雨。这篇文章题为《关于短篇小说》，发表于同年8月的《人民文学》上。它是孙犁在新时期所发表的第一篇理论性文章。它的发表，标志着孙犁在文学界名家地位的上升，也是文学界对于孙犁身兼作家与评论家的一种确认。接着，这年他又一口气写了《关于中篇小说》《关于长篇小说》两篇理论性文字，分别刊于 1977 年 12 期和 1978 年 4 期的《人民文学》。1977 年秋，孙犁还写了《关于文学速写》《关于散文》，分别刊于这年年底的《北京文艺》《解放军文艺》。在短期内，孙犁能够写出 5 篇理论文章，又带有一定的系列性，足见其文学理论功底之深厚。后来，他还在 20 世纪 80 年代上半期，陆续写了《谈笔记小说》《谈历史小说》《小说的创作方法——和谌容的通信》，以及以《小说杂谈》为总题目的 26 篇从各个方面探索小说创作的文章。虽说他晚年基本上不再写小说了（《芸斋小说》实为散文），但他依然十分关注这一领域的理论探讨。孙犁在文学领域胸襟之阔大，修养之深厚，于此可见。

瓜熟蒂落，又一次的丰收在望。似应注意到，孙犁在"文革"期间，自觉不自觉地深化了他作为学者型作家、富于思想家气质的作家的根基，同时他还是一位编辑经验丰富的编辑家。多种因素和优势集于一身，使他的晚年文学活动产生了明显的计划性、系列性以及创作和理论两翼并进的互补互动性。新时期之初，他自己就有再写 10 本书的计划;还有一些朋友根据他的实力,提出了期待他再展雄才、写作 10 本书的殷切希望。我们欣喜地看到:孙犁和他的朋友们的计划、希望,在 1995 年孙犁以 82 岁封笔而圆满地实现了。

铺展在孙犁面前的,仍然是一条漫长的探索与奋斗的路,是呕心沥血、日夜兼程的劳作的路。

1978 年 10 月,主持中国作家协会工作的著名诗人李季,前来天津邀请孙犁参加会议。在会议上,孙犁讲的题目是《奋勇地前进、战斗》,揭露"四人帮"推行封建愚民政策的罪行,强调了作家的良知和真诚,其中心和结论是:"我们要坚强起来,也要诚实起来。我们要把丢掉的现实主义再拾起来,充分地发挥它的作用。"要恢复和继续坚守鲁迅所开辟的现实主义传统,这是孙犁晚年文学思想的精髓,是他文学活动的生命力所在。

散文创作,正是晚年孙犁的大有用武之地,而他的晚年散文创作,也正有着他自身极度热爱人生、赞美人生的热肠投射其中。

为了使自己的心情从沉重的负担中解放出来,孙犁尽量不去想过去那些令人十分悲痛的事情。要知道，一位饱经磨难、身体虚弱的老作家，他的生理和心理承受能力是有限度的。但是，要对漫长的过去进行反思与总结，又不能不回想自己大半生的经历，特别是抗日与"文革"中的许多事情。而社会上也总是不断地发生新的事件，出现着新的场景，其中有不少事物令孙犁这位关心国是、有良知的作家有所感、有所思，有所评论或批判。1978年，是他进入新时期创作的第二个年头。从他的著作年表看，或者从他的文集看，在这一年里，孙犁的写作的总体特点，仍是兼顾散文创作与评论和其他方面。散文，他写有《〈白洋淀纪事〉重版后记》《听说书》《第一个借给我〈红楼梦〉的人》(后两篇属《童年漫忆》)《装书小记》《悼画家马达》《编辑笔记(续一)》《我的自传》《关于〈山地回忆〉的回忆》《平原的觉醒》《关于〈荷花淀〉的写作》《文字生涯》《吃粥有感》《删去的文字》，创作谈有《近作散文的后记》《关于诗》《韩映山〈紫苇集〉小引》《谈赵树理》，古代文学研究短论有《关于〈聊斋志异〉》《谈柳宗元》，书简有致友人韩映山的19封信，致评论家阎纲的《一封关于学习的信稿》。日夜兼程，劳作不辍，精神实在令人钦佩。

孙犁虽不是诗人名家，但他对于诗歌创作的见解还是相当中肯的。他在《关于诗》一文中，针对"不要写自己，不要表现自我，不然，就会使小资产阶级的思想感情泛滥"等说法，指出："没有了自己的东西，于是大家就说差不多的话，讲一种大体相同的道理，写类似的事件、相貌，和性格分别不出来的人物"，"李白虽有狂放的名声，但并不是单靠'夸张'起家的。他的本领在于通过他自己的诗风，成功地表现了当时的社会和历史的真实"。他强调，目前诗歌领域"应该质中求量"，诗作"要有些含蓄，有些意象，有些意境"。这些意见，都是切中时弊的。在致阎纲谈学习的信中，孙犁比较系统地论述了自己在文论方面的学习经验。所见者大，所虑者深。他指出，"作家的文论，在某一方面，有时是比较切实可信的，契诃夫的一些见解，是很深刻的。高尔基、鲁迅的评论文章，直到目前，也很难说有人能够超越"。关于中国古代文论，他认为："我以为唐宋以前的较好，《诗经》的序和《文选》的序，都是阐明文章大义；而唐宋以后的文论，则日趋于支离。成本的书，自以《文心雕龙》为最好……这是一部哲学性的文艺理论，除非和尚的常年潜修，是不能写出来的。《诗品》和陆机的《文赋》，也很好。"孙犁在唐宋八大家中，是偏好柳宗元的，他说："古代作家的文论，我以为柳宗元的最好，全包括在他写给友人的书信中，他的文论切实。韩愈则有些夸张，苏东坡则有些勉强。"孙犁的观点，当然可以讨论，但他的这些论述，是与他几十年间的创作密切联系着的，是与大学文艺理论学科的知识性学习有区别的，其着眼点在于创作实践、创作经验的提炼和总结。正因为他在这方面高人一筹，新时期有一批知名作家专程去天津，或通过写信，向孙犁这位大师请益。

1979年，孙犁在新时期的第一本散文集《晚华集》由百花文艺出版社出版。孙犁托出版社编辑，签名赠书50多本，给他的朋友。该集收入各类文章30篇。字数不足9万，分量却很重。1997年，著名散文作家、评论家黄秋耘在文学界第一个指出："他（指孙犁——阎按）这个人的艺术修养很高"，"可以讲，在当代中国写散文的作家中，他是一个真正的散文大师"，"有些人也写散文，但孙犁写的散文，确有他的独到之处。他的散文，比刘白羽的，比其他人的，要高出一个档次啦"。①

① 黄伟经：《文学路上六十年——老作家黄秋耘访谈录》，第124页。

20 世纪 80 年代，是孙犁创作继续丰收的 10 年。锋头不减，佳作联翩。创作和理论、评论三大领域的几个重要分支性"专题"（如《乡里旧闻》《耕堂读书记》《读作品记》《芸斋琐谈》《芸斋书简》），逐渐明确且相对稳定，体现了明显的计划性和系列性。身体时好时坏，晕眩等病症不时发作，往往使孙犁的写作在一段时间内中断下来。从他的著作年表可以看出，孙犁在创作上的勤奋，是很惊人的，每年都会写出大量作品。

1980 年初，《文艺报》来人采访，在天津停留一个星期，连续录音三日。原题目是《如何艺术地反映生活》，文章刊出时题目改为《文学和生活的路》。孙犁结合自己的人生和文学道路恳切地论述了他的创作经验，以及他所理解的一些艺术规律。涉及范围较广，深入浅出，如话家常，对中青年作家启示颇大。

1980 年秋，《文艺报》副主编吴泰昌访问孙犁。提出 11 个问题，孙犁对其中前 9 个问题做了回答，9 月16 日答讫，刊于第二年《文汇月刊》第二期，题为《人道主义·创作·流派——作家孙犁答问》。孙犁主要谈了文学与人道主义的关系、所谓"荷花淀派"等问题。

孙犁的写作环境，并不是很好的。他住的那个大院子本来不错，地震以后，许多家扩充地盘、搭造临

走近孙犁

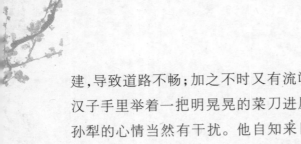

建，导致道路不畅；加之不时又有流氓滋事，甚至一条汉子手里举着一把明晃晃的菜刀进屋里来叫卖，这对孙犁的心情当然有干扰。他自知来日无多，故自励有加。他说："我宁可闭门谢客，面壁南窗，展吐余丝，织补过往。毁誉荣枯，是不在意中了。"在物质生活上，他愿意"简易"，但于文学创作，是日夜兼程、风雨无阻的。1985 年 6 月一个大雨之夜，孙犁给《人到中年》的作者谌容一口气写了近两千字的信。信末说："读完你的《散淡的人》，脑际萦绕，有不能已于言者，今晨三时起床……外面则雷电交加，大雨倾盆，这种氛围，最利于写作了。"

为了排除干扰，孙犁不让公家给他安装电话（按级别应安装）；身处闹市，他却基本上不出门。各种兼职，他都尽量辞掉或谢绝。市上领导来看望他，他都加以婉拒。一个火炉，他用了整整 40 年。每天，"我坐在它身边，吃饭，喝茶，吸烟，深思"，在炉前慢慢咀嚼烤馍片，"自得其乐，感谢上天的赐予"。孙犁说他好喝棒子面粥，几乎常年不断，晚上多煮一些，第二天早晨，还可以多吃一顿。"冬天坐在暖炕上，两手捧碗，缩脖而吸之，确实像郑板桥所说的，是人生一大享受。"1985 年 7 月，他在一封致友人的信中，说："入夏以来,庭院大乱,我什么也干不了。每天下午读古文一篇,以定心驱暑,效果很好。"在搬进大楼以前,大院的环境虽然不佳,但孙犁除了安心写作,还以他独有的艺术眼光观察,在纷乱中提取诗意:

> 每年冬季,我要生火炉,劈材是宝贵的,这棵大杨树帮了我不少忙。霜冻以后,它要脱落很多干枝,稍稍晒干,就可以生火,很有油性,很容易点着。每听到风声,我就到它下面去拣拾这种干枝,堆在门外,然后把它们折断晒干。

> 在这些干枝的表皮上,还留有绿的颜色,在表皮下面,还有水分。我想:它也是有过青春的呀!正像我也有过青春一样。然而它现在干枯了,脱落了,它不是还可以帮助别人生起火炉取暖吗?

> ——《青春余梦》

孙犁对给他写传记的学者郭志刚说:"只有真正看到作家灵魂深处的东西,才能写好作家的传记。"他说:"文章是寂寞之道,你既然搞这个,你就得甘于寂寞,你要感觉名利老在那里诱惑你,就写不出艺术品。所以说,文坛最好不要变成官场。"他深切地认识到了把文艺团体如各种协会变成官场,其危害性是很大的。

因此,孙犁对此类现象,多次著文批评。某县办了一个文艺社,设顾问9人,名誉社长1人,副社长8人,秘书长1人;此外设理事会,理事长1人,副理事长7人,常务理事10人,理事21人,并保留3名理事名额。孙犁对此种现象很是反感,他写了一篇题为《官浮于文》的杂文,刊于《文艺报》上,提出尖锐批评。

孙犁到晚年,一生阅人既多,阅文更是不少。他对一些作家与官场的关系思考过,深感其中的负面因素值得注意。所以,他晚年响亮地提出"离文坛远一点"的著名主张,强调"文人宜散不宜聚"的意义。一些认同他的主张的作家,默默地参考孙犁的主张安排着自己的行进轨道,但也没有什么人对孙犁的这一观点提出过异议。孙犁之所以能够在晚年成就一位散文大师,除了别的因素之外,上述这一主张的坚守,不仅为他赢得了大量的时间,而且使他远离名利场、得以建构良好的创作心态。而在人生哲学上,孙犁一生奉行的是"边缘生存"的人生哲学,其中包含着与之相关联的美学思想。一些在进城之前已晋大师级的作家,"文革"前声名比孙犁显赫得多,但在新时期的创作上,明显不如孙犁的成就。青年学子,可以不去思考其中的深刻道理,但是中年文艺工作者和中学语文教师,细细思考上述问题的奥秘所在,对自身的专业进修,是不无好处的。站得高了,就能更清楚地把握宏观和微观的东西,不至于陷入琐细之中而不能自拔。

进城后,孙犁在报社当编辑时,对青年作者的培养功绩卓著,文艺界传为佳话。晚年,孙犁对原先的"荷花淀派"弟子们继续关注,给刘绍棠、从维熙、韩映山、冉淮舟的作品集写过序言。优点缺点并提,既鼓励又提出努力的方向,丝毫没有客套,其意殷殷。此外,孙犁还为老战友曼晴、方纪、张志民、舒群等作家的作品集写过序言或评论。天津的老作家王昌定、阿凤、万国儒的新作,他也为之写序。河北、陕西的新秀铁凝、贾平凹的作品,他数次发表评论,又在书信中进行评论,并给贾平凹的散文集写序。在当时的青年作家中,其作品得到孙犁评论最多的,是贾平凹和铁凝两位。

铁凝的成长,受到了孙犁的指点和鼓励。1979年秋,他们开始通信。在当时致铁凝的信中,孙犁说她的《丧事》等小说"在浓重之中,能作淡远之想","有方向而能曲折"。在回答"怎样才能把童话写好?"这个问题时,孙犁说:"我从《儿童文学》读了安徒生的《丑小鸭》,几天都受它感动,以为这才是艺术。它写的只是一只小鸭,但几乎包括了宇宙间的真理,充满了人生的

七情六欲，多弦外之音，能旁敲侧击。尽了艺术家的能事，成为不朽的杰作。何以至此呢？不外真诚善意，明识远见，良知良能，天籁之音！"而且，认为这一切都是一个艺术家应该具备的。这是艺术唯一无二的灵魂，也是跻身艺术宫殿的不二法门。话不多，但笔力千钧，真正登堂入室了！当时铁凝只有20岁出头，也是从河北大地上走出来的青年作家，孙犁动感情地说："你年纪很小。我每逢想到这些，我的眼睛都要潮湿。我并不愿同你们多谈此中的甘苦。"

孙犁写信很少，但封封重要。他对铁凝的《哦，香雪》评论道："这篇小说，从头到尾都是诗，它是一泻千里的，始终如一的。这是一首纯净的诗，即是清泉。它所经过的地方，也是纯净的境界。"孙犁说铁凝的《他嫂》"农村场景描写入微，惟肖惟妙；行文如流水飞云，无滞无碍"。同时提出这篇作品在个别场景的描写和词句的使用上，尚有瑕疵。并直言勉励："古今中外的作家，都像爱护眼睛一样爱护自己的语言。"铁凝一共访问过孙犁四次，三次登门，一次去医院。第一次登门之前，"我听人说过，孙犁的房间高大幽暗，人很严厉，少言寡语，连他养的鸟在笼子里都不敢乱叫"。及至见面后，才觉得孙犁老人是十分朴素的，几次都戴着套袖,给她一种"亲近感"。铁凝在《怀念孙犁先生》这篇悼文中叙述了同孙犁四次见面的感受,她说"要理解这位大作家是困难的。他一直淡泊名利,自寻寂寞,深居简出,粗茶淡饭,或者还给人以孤傲的印象。但在我的感觉里,或许他的孤傲与谦逊是并存的,如同他文章的清新秀丽与突然的冷峻睿智并存","我更愿意揣测,在他'孤傲'的背后始终埋藏着一个大家真正的谦逊。没有这份谦逊他又怎能甘用一生的时间来苛刻地磨砺他所有的篇章呢"。

铁凝现在也50多岁了,她以一个著名作家和"过来人"的身份,谈了自己对孙犁的感受,说出了理解孙犁的不易。孙犁自己说过,只看作品不行,还需要了解作家的时代、身世、经历和生理、病理。

当代文学界,孙犁培养了几位著名的作家的说法比较流行。孙犁作为一位思想境界崇高的哲人,他自己是十分谦逊的,善于自我反思的。1953年,他写过一篇《论培养》;1980年,他写了《成活的树苗》,指出:"人们常说,什么刊物,什么人,培养出了什么成名的作家,这是不符合事实的。比如刘(绍棠)、从(维熙)二君,当初人家稿子一来就好,就能用。刊物和编者,只能说起了一些帮忙助兴的作用,说是培养恐怕是过

重了些,是贪天之功,掠人之美。"1982 年,孙犁又写了一篇《谈名实》的杂谈。他强调,作家究竟不同于植物:"他可以思想,也可以行动,可以进取,也可以退却。他生存于世间,浮沉于社会。他是靠自己生活的根柢,思想的高度,观察的能力,情操的修养,来完成他的作品,来完成他的使命的。别人对于他的影响,较之他自己须作的努力,即奋斗不懈,百折不挠,深思熟虑,规模宏远,不为名利所摧折,不为荣辱所埋没……就微乎其微了。"他说,这就是他要写的《再论培养》。作为当代作家中的一位哲人,孙犁自己的思想也是不断攀升、超越的;他总是比一般的作家站得更高一些,看得更远一些,想得更深一些。

几近超负荷的多方面的写作活动,使孙犁经常生病。他之所以能每年写出大量新作,除了他能最大限度地淡化名利观念、充分合理地利用时间(经常日夜兼程)外,还与他大半生一直重视理论学习与钻研、在文学领域坚持创作与理论评论齐头并进、互补互动有很大关系。人文俱老,经历和学养使他愈到老年愈显得思想深刻,文字精练、老辣。写起文章,两三千字,他能一气呵成;事后又反复修改,精益求精。晚年,孙犁写了大量的书信，但是总不能每封信都及时回复。对此，有的朋友便有责难。孙犁说："他不想一想，一个70岁多病的人，每天要生火，要煮饭，要接待宾朋，要看书写东西，哪能每封来信都及时回复呢！人老了，确实没有那么多的精力了。"有的青年以为孙犁多么富有，说要来当食客；一位南方姑娘要孙犁派人给她把钱送到她那里。孙犁说，他不但无人可派，就连应门的童子也没有呢。他给郭志刚说："一切事情，我都看得很淡，对于儿女们呢，我也不看得那么重，就像司马迁对朋友说的。……我目前的状态，在别人看来，是孤独寂寞，我自己还没有太寂寞的感觉。我只要写起文章来我就觉得很有意思。我说无论如何不能放弃写文章。你不叫我干别的可以，写文章对我好像很有用处。但我的文章，毕竟像一片经过严霜的秋叶，它正在空中盘旋。人们或许仍在欣赏它的什么，飘落大地，化为泥土，才是它的归宿。"

上面这段话，也许可以看做深入理解孙犁晚年创作的一把钥匙。愈到老年，孙犁似乎愈加成为一种精神性的存在，这在单纯生活型的人看来，是很难理解的；阅历浅的人，只是从书本上讨生活的人，也是难以理解的。

在各方的协力下,《孙犁文集》5 本到 1981 年年底一次性出版。1981 年 8 月 5 日,孙犁写成《文集自序》,刊于《人民日报》同年 9 月 2 日。在这篇序言中,孙犁指出:"我所走过的文学道路,是现实主义的。有些评论家,在过去说我是小资产阶级的,现在又说我是浪漫主义的。他们的说法,不符合实际。"他说:"我最喜爱我写的抗日小说,因为它们是时代、个人的完美真实的结合。我的这一组作品,是对时代和故乡人民的赞歌。"孙犁对自己的作品,也有一个自我的整体性的评价:"现在证明,不管经过多少风雨,多少关山,这些作品,以原有的姿容,以完整的队列,顺利地通过了几十年历史的严峻检阅。我不轻视早期的作品。我常常以为,早年的作品,青春的力量火炽,晚年是写不出来的。"——这一整体性的看法,对于文学界和中青年读者理解孙犁的早期作品,具有很大的参考价值。

1992 年,加上后续 3 册,《孙犁文集》8 册由百花文艺出版社出版。续编 3 册,收入《远道集》《尺泽集》《老荒集》《陌巷集》《无为集》《如云集》等 6 集文章。1991 年 8 月,孙犁写了一篇《文集续编序》,主要谈其晚年作品:"总体观之,少作不论,晚年文字,已如远山之爱,既非眼前琼林,更乏步下芳草。非时下之所好也。"篇末,他不忘奋进:"要之,积习难改,别无所能,一息尚存,仍当有作,不敢有负于读者。"

10 年前,即 1981 年在《秀露集·后记》中,孙犁说:"……然于写作一途,还是不愿停步,几乎是终日矻矻,不遑他顾,夜以继日,绕以梦魂。"10 年后的上述说法,字面不同,精神则一。

文集 8 册出版之际,孙犁已经是八十老翁了。

十二、呕心沥血的 18 年：
成就当代散文大师（下）

《芸斋小说》是晚年孙犁创作的一个大题目。前后延续了 10 年以上。人民日报出版社于 1990 年出版的《芸斋小说》共收入 30 篇，以《谈镜花水月》作为代后记。此后，又续写了《心脏病》《忆梅读易》《无题》，收入他的最后一本散文集《曲终集》。集中的大部分篇章，是以"文革"中自己的经历为题材的，刻画了各式各样的人物，描绘了异象纷呈的场景，诉说着一些善良人们的悲惨遭遇，鞭挞着邪恶势力的罪行，笔触深入到人性的深处，并把它的被扭曲之处凸显出来让人们观看。文笔像是刻刀，是严峻、犀利的,感情是深沉、悲怆的。尤其是作品后面"芸斋主人曰"的一小段论赞,继承了司马迁、蒲松龄的笔意,融入了现代意识的思考,笔势灵动、飘忽,与本文若即若离,把整个小说的意境提升到哲理与审美相融合的境界了。整体上,《芸斋小说》可说是高明之极,似可看做孙犁晚年在纪事散文方面具有很高独创性的一个表征。有的作品如泣如诉,有的作品如怨如慕,而又跳出了日常情绪的感应性,把"文革"中的历史风云、人性畸变与堕落、社会变迁与生活场景的复杂性,完全熔铸到了一幅幅时代画面里,让你观览、品味,催你深思。在它所构筑的艺术殿堂里,你徜徉,你凝视,你幽思遐想……显然,它在艺术的整体水平和美学境界的高度和丰富性上,是孙犁早期的《荷花淀》《芦花荡》等系列作品,以及中期的《风云初记》所不能比并的。可以设想,如果去掉了《芸斋小说》,那么,《耕堂劫后十种》这座艺术大厦将会像被抽去一条坚实有力的支柱一样。也许正因为如此,孙犁本人很是重视他的这部小说集。晚年,他给不从事文学的友人、熟人,赠书时往往是赠送一部《风云初记》或《白洋淀纪事》,另一部就是《芸斋小说》。孙犁一再说,他一生的两个最重要的时期,就是抗日战争时期和"文革"时期。他是让友人、熟人从前者看自己的抗战经历,从后者看"文革"经历。他让人们了解自己——通过自己的文学作品。

在写作记叙性散文、抒情性散文即所谓"艺术性散文"的同时,孙犁晚年的写作领域里,一个重要的分支是杂文的写作。他说过,散文、杂文是老年人的文体。杂文属于"大散文"即广义的散文范畴,作为散文的一个分支,社会文化需要它,与它联系的是一个广大的读者群。晚年的孙犁,思想家的气质日益浓厚,学者化的程度不断提高,这反映到他的写作体裁上,必然表现为杂文创作。且他一直在创作的同时兼写理论、评论文章,又自觉不自觉地从鲁迅杂文里汲取了营养。这多种因素综合在一起,在中国文学界和思想文化界呼唤思想创造和文化批判之际,孙犁这位受到鲁迅精神和鲁迅文化思想深刻影响的老作家,在纯文学对于他的强大吸引力有所降低时,写作杂文,似乎成为势所必至的了。

1978年2月,孙犁托韩映山,让韩的儿子韩大星给他刻"耕堂杂文"或"耕堂文字"的印章,这是孙犁在新时期初期就欲图在杂文写作上有大的发展的一个外在表征。作为与文学创作有关的这两方印信之物,虽置之案头,钤于纸上,仅为少数友人所知所见,但却是一种无声的进军号，两杆猎猎招展的旌旗。孙犁继承鲁迅传统，在晚年不断地写作杂文，其成果有几个系列，亦近乎篇秩浩繁。愈到后来，写得愈多。1981 至 1982 年，孙犁先后开辟了《芸斋琐谈》《文林谈屑》等栏目，在数年间共写了 60 篇杂文。10 年中，又写了《风烛庵文学杂记》及其"续抄""三抄"，每篇分若干则，体制略似鲁迅的《半夏小集》。20 世纪 90 年代，又写了《庚午文学杂记》《庸庐闲话》《文事琐谈》《当代文事小记》《文场亲历记摘抄》等系列杂文和单篇杂文共 30 余篇。

孙犁杂文，所体现的目光是四射的，笔力是酣畅的，意蕴是深厚的。指斥文坛以及社会文化领域的各种怪现状，敢说实话，很有锋芒。他认同一位作家信中所说的，当今文坛除了"为人生的艺术"者外，杂陈着"文学掮客""文倒""文氓""混混儿""新贵"等各种角色的观点，进一步指出："这是商品经济迅速发展，带来的文坛结构新变化……什么乌七八糟的东西，都出来了。"在一篇杂文中，孙犁描绘道：

目前一些文学作品，好像成了关系网上蛛丝，作家讨好评论家，评论家讨好作家。大家围绕着，追逐着，互相恭维着。也不知究竟是为了什么，到

底要弄出个什么名堂来。

——《谈作家素质》

同一篇杂文,还尖锐地指出:有的作家"经不起花花世界的引诱,半老徐娘,还仿效红装少女,去弄些花里胡哨的东西,迎合时尚,大可不必矣"。

孙犁的杂文,尖锐泼辣,刺痛了许多人,也自然得罪了不少人。一些过去的朋友似乎也有所疏远。——这对年老的孙犁是个考验。他严正地表示,他写杂文进行社会文化批判,"不畏一人之言,甚至可以不畏由一人之言引起的'群言'"!

孙犁的上述言论,为理解他晚年的写作,特别是杂文写作,是有帮助的。如果四平八稳,说些不痛不痒的话,哪里还有今日的孙犁形象呢?

孙犁从鲁迅手中接过火种,轻轻一拨,火光烛天。

1985年国庆节,帮忙的人休息,儿子孙小达来给父亲做饭。饭后孙犁和儿子闲谈。

孙犁说:"你看,近来有好多老人都相继倒下去。老年人,谁也不知道,会突然发生什么变故。我身体还算不错,但应该有个准备。我没有别的,就是眼前这些书,还有几张名人字画。这都是进城以后稿费所得,现

走近中学语文课本里的作家

在不会有人说是剥削来的了。书，大大小小，有十个书柜。书，这种东西，历来的规律是：喜欢它的人不在了，后代人就把它处理掉。你只有两间小屋，无论如何，是装不下的。我的书，没有多少珍本，普通版本多。当时买来，是为了读，不是为了以后卖古董赚钱。……这些书，我都用过，上面还有我胡乱写上的一些字迹，卖出去不好。最好是捐献给一个地方，不要糟蹋了。"

小达默默地听着，一句话也没有说。孙犁想到，大节日，这样的谈话，也不好再继续下去。于是，便结束了自己的"唠叨"。对于自己身后的事，儿子会有他的想法，到时会自作主张。孙犁觉得自己的话，只能供他参考。国庆节谈话半个月之后，孙犁写了一篇题为《谈死》的杂文，记述了前面的谈话，又把那天谈话所引发的心里话写了进去。把身后书画的处理问题上升到生死观这一高度，论古谈今，所阐发的道理，是十分震撼人心的。他说，不久前读到白居易的两句诗"所营在第宅，所务在追游"，引起了自己的愤慨。——说白了，也就是经营高级住宅，把时间都花在拉扯关系上。显然，孙犁的愤慨，是有现实针对性的，是一个廉洁公正的老人对那时某些不正之风的反感。

　　1987 年元月上半月,孙犁患了十多天的腹泻,元气大伤。中间他又"虑及后事"。认真、刚烈的性情,使他对生死不会有丝毫的玩忽,得过且过,更不会随世俯仰,合乎流俗。新时期近 20 年的时间里,他患病次数不少,只要稍微能够支持,他便又操笔为文了。

　　就在这一个月,病中的孙犁因虑及后事,作为一位内倾心态突出、精神向度强盛的作家,他想到自己可能不久于人世,便要在精神上与书斋内的东西告别了。他把书斋内的书籍、字画、瓶罐、字帖、印章、镇纸,视为有生命之物,一一盘点,说明其来历,感叹、唏嘘,给其中灌注了自身的文化生命。在这里,孙犁似乎在向自己精神和艺术生命的外化物,进行庄严的告别。写作此文,好像成了一种文化仪式。一生钟情于此,将要分别而又不忍分别,其感情是复杂的。"我向字画告别,也就意味着,向这些书画家告别"——孙犁老人,真是一位多情的人。

　　1992 年 12 月 4 日,百花文艺出版社社长和一位女编辑,抱着一个纸盒子,来到孙犁家中。他们把《孙犁文集》正续编 8 册这一部书,放在书桌上,神情非常严肃。孙犁后来回忆:"这是一部印刷精美绝伦的书,装饰富丽堂皇的书。我非常兴奋,称赞出版社,为我办了一件大事,一件实事。"他告诉出版社的同志:"我走上战场,腰带上系着一个墨水瓶。我的作品,曾用白灰写在岩石上,用土纸抄写,贴在墙壁上,油印、石印和土法铅印,已经感到光荣和不易。我第一次见到印得这么华贵的书。"有好几天,孙犁站在书柜前,观看这部书。他觉得,这是一部争战的书,号召的书,呼唤的书。也是一部血泪的书,忧伤的书。渐渐地,孙犁的兴奋过去了,他忽然产生了一种满足感与幻灭感交织的意绪。孙犁甚至想到,那位女编辑抱书上楼的肃穆情景:"她怀中抱的不是一部书,而是我的骨灰盒。"他觉得自己所有的,他的一生,都在这个不大的盒子里。——这种感受,是深沉的、敏锐的,又是真切的,是孙犁一生所提炼和熔铸的生命意识的象征性体现。

此后,孙犁不忘自己"一息尚存,仍当有作"的庄严承诺,一直写到整岁八十有二才封笔。

1992年春,著名作家贾平凹创办"大散文"刊物《美文》,他给自己崇敬的老师孙犁写了一封信,孙犁很高兴地回复了。贾平凹心里清楚:在当时的老一辈散文作家中,恐怕只有孙犁才是对他创办这样一个刊物最能给予切实指点的人。孙犁心里也清楚：新时期16 年来，自己孜孜矻矻，日夜经营者，无非散文。眼下已经出版了由《晚华集》到《如云集》9 本散文集子，在散文写作领域自己还是可以说些话、也乐意说些话的。他在回信中说："知道您要办一个散文刊物，名叫《美文》，我很赞成。美术、美声、美文都是很好的名称。当然要看实际。现在，散文的行情，好像不错，各地报刊争办随笔一类副刊，也标榜美文，但细读之，名副其实者少。"接着，孙犁概括了自己的美学观和散文写作要点："我仍以为，所谓美，在于朴素自然。以文章而论，则当重视真情实感，修辞语法。另有名家，不注意行文规范，成为时装模特。"他又指出："近年'五四'散文，大受欢迎，盖读者已发现新潮散文，既无内容，文字又不通，上当之余，一种自然取向耳。"

　　孙犁这封信，所提出的关于散文的观点，实际上都是他这一时期一再阐发的，在写作中身体力行的；虽系片言只语，却是他一整套散文理论的核心部分。孙犁想，真正在散文领域的有心人，恐怕在这几年间注意到了他所反复论证的散文理论。他不想居高临下地好为人师，唠叨个不停，而是简括地表明了自己的观点，而把主要篇幅放在了对当前一些不正文风的批评上。

记忆力很好的孙犁,哪能忘记:从新时期第一本散文集《晚华集》开始,到 1992 年 3 月刚刚出版的第九本《如云集》,他十多年来所写的散文,已经超过 100 万字了。仅就这些集子的后记而言,就有《近作散文的后记》等 7 篇。此外,尚有以下关于散文理论文章:《关于散文》《孙犁散文集序》《关于散文创作的答问》《散文的感发与含蓄》《散文的虚与实》《谈杂文》《谈柳宗元》《欧阳修的散文》《再谈贾平凹的散文》《贾平凹散文集序》等多篇。

别人也许不太清楚,孙犁知道他自己的所谓理论有一个框架性的体系。作为文学精神,散文创作的总的原则是现实主义;美学理想或境界是自然(包括情理兼备);中心范畴是真情实感;语言艺术的要求是朴实、含蓄、简练;审美基本功是语法修辞和"取材者微"——"细节真实";而其大忌则是虚伪矫饰。——这些不同的层次和侧面,孙犁虽然并没有如以上我们这样清楚地逻辑化,但至少也存在于一种直觉思维的状态之中。其中,孙犁所强调的"取材者微""细节真实",是与他所特有的一个命题相联系着的,这个命题是:"最好多写人不经心的小事,避免人所共知的大事。"(此为孙犁 1987 年致《人民日报》文艺部负责人、鲁迅专家姜德明信中语）后面的这个意思，也就是让作者注意观察日常生活，从中发掘有意义的材料。《史记》、鲁迅散文中这方面的许多场景和细节，孙犁大致都记着，他写于 1985 年的《悼念田间》一文中，有这样一段：

> 田间是一个诗人，他成名很早，好像还没有领会人情世故，就出名了，他一直像个孩子。在山里，他要去结婚了，棉裤后面那块一尺见方的大补丁，翻了下来，一走一忽闪，像个小门帘。房东大娘把他叫了回来，给他缝上。他也不说什么，只是天真地笑了笑，就走了。

这确实是一个写"人不经心的小事"的绝佳例子。淡淡几笔，流出人物的神韵，烘托出军民鱼水情。在散文领域里，孙犁可以说是思接千载，胸罗万卷，具有了相当高的自由度。他把自己的观点写进几篇谈散文的短论和散文集的后记中，文章都不长。基本的道理，也就是那么几条，全靠作者通过创作实践和钻研古今散文名著来揣摩、体会。鲁迅也是这样，让习作者多读大作家的作品，甚至要弄清他们是如何修改文章的，从原稿中去体会。孙犁与鲁迅的共同特点是，都不大相信"文学

走近中学语文课本里的作家

概论"之类的教科书。

20 世纪 80 年代，北师大郭志刚教授就开始为孙犁写传记，并多次访问传主。传记作为散文的一个分支，虽说属于史学范畴，但在与文学交叉处却产生了一个边缘地带，一个特殊的文学品种——"传记文学"。中国古代历史散文中的传记文学的传统深厚，孙犁研究过这一领域，并进行过深入的探讨和总结。这方面他的代表作是《关于传记文学的通信》《与友人论传记》等文。早在 1981 年，孙犁就提出人物传记的写作要点，归纳起来，有四个方面：一、记言记行并重；二、大节细节并重；三、优点缺点并重；四、主观客观并重。到 1990 年 2 月，郭志刚等的《孙犁传》出版。可惜的是，孙犁的文学活动一直延续到 1995 年夏才封笔，郭传于此留下了一段空白。管蠡所著《孙犁传》，完稿于 1981 年，1984 年改定，篇幅仅 11 万字，孙犁晚年的大部分经历未及写进去。

晚年的孙犁，其成就被文学界赞誉为"散文大师"。表征他这一地位的是他那 10 本散文集子——由《晚华集》到《曲终集》。字数 130 万左右，先是由百花文艺等社出版单行本，1999 年 9 月由山东画报出版社一次性推出，总名《耕堂劫后十种》，可谓精粹至极，佳作连篇,成一浩浩世界。

另外,其晚期或以其晚期作品为主的集子,出版的还有《耕堂散文》《耕堂读书记》《芸斋小说》《耕堂序跋》《书林秋草》《编辑笔记》,再加上《芸斋书简》上下册及续编,门类众多,几乎覆盖了散文领域的所有分支文体。而其艺术水平之高,为文学界所公认。

"横看成岭侧成峰",把孙犁的这些集子放在一起看,无论如何,总会让人产生山色连绵、凝重巍峨的感觉。它,与此前的孙犁创作,共同组成了现代文学史上的一个宝库!

2002 年 7 月 15 日早 6 点,孙犁经全力抢救无效,永远地离开了中华大地和他的众多读者。此时,窗外,大雨降落,雨声和亲人、医护人员的恸哭交织成一片……

孙犁的弟子、著名作家从维熙,在题为《荷花深处祭文魂——悼文学师长孙犁》一文中,记叙了以下的动人场景:

　　2002 年 7 月 15 日上午 10 点,在贝多芬的哀乐《安魂曲》中,我弯腰鞠躬,向一代文学大师的遗体告别。此时此刻,孙犁正躺在故乡安新县百姓采摘来的荷花丛中——他年轻时从这片花香中走来，此时他又向荷花丛中安然走去，是完成他生命恬静而美丽的旅程之后，向天宇自然的回归。

……这些带着晨露绽开的红荷，是家乡父老在今日黎明时分，从荷塘里采摘下来的；其情之真，其意之切，反衬出孙犁人文品格，在庶民百姓心中沉甸甸的分量……那些来自白洋淀的乡亲，在灵堂内默默无言地摆放荷花时，我已然无法控制内心的悲怆，一滴滴泪水，滴落在那清纯的荷花花瓣上……

著名作家冯骥才说："孙犁的逝世，若同文苑失去了一轮皎月——而这轮美丽的月亮，是无法重复、无法取代的。"

孙犁逝世之后，每当读者一看到荷花，一闻到荷香，很容易想到这位"荷花淀派"的创始人！

走进作品

《芦花荡》

　　《芦花荡》这篇短篇小说,写于1945年8月,发表于同年同月31日延安的《解放日报》副刊。那时,孙犁在延安鲁迅艺术学院任教。这一年5月,孙犁写了《荷花淀》,发表在那个月的《解放日报》副刊上。这两篇小说,分别加了《白洋淀纪事》"之一""之二"的副题。它们是一个系列,都是孙犁短篇小说的代表作,也是中国现代文学史上短篇小说的名篇。

　　二三十年前,大中学语文教学中的作品分析,有一个最重要的聚焦点:作品的主题思想。现在,人们已经认识到了,离开作品的艺术描写包括人物刻画、故事情节的进展等艺术性的展现,所谓的主题思想是空洞的、抽象的。孙犁说过:"政治作为一个概念的时候,你不能作艺术上的表现,等它渗入到群众的生活,再根据这个生活写出作品,当然作家的思想立场,也反映在作品里,这个就是它的政治倾向。一部作品有了艺术性,才有思想性,思想融化在艺术的感染力量之中。"因此,孙犁说,那种所谓紧跟政治、赶浪头的写法,是写不出好作品的。①

那么,我们怎样进入《芦花荡》的艺术世界呢?

首先,吸引我们并让我们沉浸其中的是作品的艺术氛围。一篇作品的故事情节有起伏发展,场景有变换,但整个作品的艺术氛围从一开头就应该是能够吸引人的,感染人的。《芦花荡》写的是抗日战争中的一个故事,地方是白洋淀。一位精于划船、担负着护送人员和运输粮草工作的、将近60岁的老头子,在护送大菱和小菱这两个女孩过封锁线时,被敌人的探照灯发现,大菱被一梭子弹扫射而负伤了。第二天,这位水上老交通,以娴熟的水下钩腿的战术,使"鬼子们痛得鬼叫,可是再也不敢动弹了",替女孩子报了仇。前者的场景在夜晚,后者则在一个闷热的中午。敌人的炮楼,

① 《孙犁选集·理论卷》,第472页。

就在大苇塘的附近。夜晚，大苇塘是"阴森黑暗"的，只有到深夜，"苇塘里才有水鸟飞动和唱歌的声音，白天它们是紧紧藏到窠里躲避炮火去了"——这是写实，也是对战争严酷环境的渲染。敌人作着向苇塘内外两个方向的"监视"。虽说"老头子"十分自信和乐观，但这个夜晚他从东边远处载了两个"在炮火里滚了一个多月，都发着虐子"的女孩子，这就不能不让读者心里紧张起来。作品前半部分的氛围是压抑、沉重的。"老头子"的出现，使沉闷的氛围为之一转。"每天夜里，在敌人紧紧封锁的水面上，就像一个没事人，他按照早出晚归捕鱼撒网那股悠闲的心情撑着船，编算着使自己高兴也使别人高兴的事情。""两手忙着剥那又肥又大的莲蓬，一个一个投进嘴里去。"而两个女孩子现在到了一个新鲜地方，"有水有船，荡悠悠的"；加上二菱趴在船边用两只小手淘着水玩，洗脸，"老头子"夸她"多么俊"——这就又点染出一种欢快、轻松的氛围。大菱的受伤，使作品的氛围紧张起来。而二菱的埋怨，"老头子"的自责（内心独白）又使读者不免为之揪心。当他从水下把那十几个鬼子的腿肚子一一钩住时，小说展开了如下的描写：

　　老头子把船一撑来到他们的身边，举起篙来

砸着鬼子的脑袋，像敲打顽固的老玉米一样。

　　他狠狠地敲打，向着苇塘望了一眼。在那里，鲜嫩的芦花，一片展开的紫色的丝绒，正在迎风飘洒。

整个小说的氛围描写，将敌我双方对抗的形势、自然景物的渲染、人物性格的刻画完全融化在一起，主客不分；读来令人如临其境。人物故事、场景是实，自然景物是虚，虚实相生相衬，妙合无垠，使读者进入了饱含情韵而又无比纯净的诗意境界。

　　其次，小说在对主人公"老头子"形象的刻画上，使用简洁的笔墨勾勒，线条分明，力透纸背，达到了传神的地步。作品第二段，读者未见其人，未闻其声，先看见了"他"所撑的船："一只小船从苇塘里撑出来，在淀里，像一片苇叶，奔着东南去了。半夜以后，小船又飘回来，船舱里装满了柴米油盐，有时还带来一两个从远方赶来的干部。"一个"飘"字，表征了主人公撑船技术的极为纯熟；船里的所载，则说明了他干这工作的胜任愉快。"老头子只穿一件蓝色的破旧短裤，站在船尾巴上，手里拿着一根竹篙。"——这可以说是他的一幅工作照。以下是他的肖像描写：

老头子浑身没有多少肉，干瘦得像老了的鱼鹰。可是那晒得干黑的脸，短短的花白胡子却特别精神，那一对深陷的眼睛却特别明亮。很少看到这样尖利明亮的眼睛，除非是在白洋淀上。

孙犁所要开掘的是老人的灵魂，在此，形体的"干瘦"与眼睛的特别有神，恰成鲜明的对照。至于他对苇塘负责人说的"你什么也靠我，我什么也靠给水上的能耐，一切保险"，使他的"过于自信和乐观"溢于言表。正因为有他这样的好交通配合，苇塘里的歌声响亮有力，稻米和肥鱼飘香，使"敌人发了愁"。这天夜里，他接送大菱二菱到淀里去。在过封锁线时，大菱受了伤。老头子忙于撑船，不知道大菱受了伤，还说敌人"打不着我们！"。当他拼命找到苇塘的窄小入口，知道了孩子受伤时，思考了一会说："我不能送你们进去了。"二菱问："为什么呀？"老人说："我没脸见人。"——这是刻画他的自尊性格的一个着力点。不过，在孩子们的要求下，老人还是把船撑到了苇塘深处。一路上，二菱说了些埋怨的话语——此处，小说写道："一声一声像连珠箭，射穿老头子的心。他没法解释：大江大海过了多少，为什么这一次的任务，偏偏没有完成？"在孩子们面前，他大叫道："他们打伤了你们，流了这么多血，等明天我叫他们十个人流血!"又狠狠地说:"我打他们不用枪,那不是我的本事。愿意看明天来看吧! 二菱明天你跟着我来看吧,有热闹哩!"到了第二天中午,老头子撑船出来,站在船头从容地往嘴里投又肥又大的莲子,后来又和鬼子们在淀里兜圈子,"小船旋风一样绕着鬼子们转",弄得他们晕头转向,终于被老头子从水下一个一个钩住了腿肚子。篇末,老头子举起篙,狠狠地敲打着鬼子们的脑袋——真是一场胜利!

小说写人,重在刻画性格。老头子的性格核心是自信和自尊,这一特点,孙犁是写活了。他本领强,但在战争年月,哪能万无一失? 这位老人的自信自尊,是对于事业正义的坚信,是对人民伟力的执著,也是他个人性情与时代精神的交融。出于自尊,知道大菱受伤后,他不想去苇塘里面,但毕竟又以大局为重,送孩子们到了苇塘;出于自信,事前给孩子们许下第二天叫敌人流血的愿。这次,他完全做到了,而且干得很漂亮!

他的心灵,是透亮的;他的性情,是倔强的;他被孙犁用笔塑造出来的雕像,在芦花荡水面上流动着。他那鲜明的个性,就是他的形象的灵魂——在小说中,孙犁用自己独有的笔触,把这一人物的"神",给传出来了!

全篇小说,写人物,纯用白描。以人物的神情、语言、动作及与之相联系的场景、事件,来传其"神"。写"形"(即人物的神情、语言、动作等),有分寸,重含蓄,韵味无穷——这韵味就是"形"通于神,而又为"神"所统摄的产物。

孙犁作为一位小说大家,他在解放前,就钻研中国古代小说名著。新时期,他进一步指出:在人物的形、神关系上,《三国演义》"形似多于神似",《水浒传》"形神兼顾",唯有《红楼梦》"传神多于传形"。神似,或者说传神——这正是中国艺术精神的精髓和最高境界所在!

最后,还须留意小说的语言艺术。它的语言自然纯净,简洁而又富于弹性,如行云流水一般。无论叙述语言,还是人物对话,皆绘声绘色,蕴涵丰富。孙犁说过:"我写文章从来不选择华丽的词,如果光选华丽的词藻就过犹不及。炉火纯青,就是去掉烟气,只有火。这需要阅历,要写得自然。"《芦花荡》的语言艺术成就,读者按照孙犁的提示,自能体会出其中的滋味。

1942 年,孙犁写了一篇《爹娘留下的琴和箫》(后改名为《琴和箫》),写的是一位女战士和两个女儿大菱、二菱以及一位老船夫的故事。故事凄婉动人,意境沉郁苍凉,其艺术性似在《荷花淀》《芦花荡》之上,当年发表后,因被认为有"伤感"情绪,至今尚未得到公正的评价。在《琴和箫》里,大菱、二菱和她们的母亲的形象,动人极了,艺术效果堪称高妙。读者可以参看。它与《芦花荡》在素材上,是有联系的。

孙犁以《荷花淀》《芦花荡》为代表的短篇,和中篇《铁木前传》、长篇《风云初记》,被评论界视为"诗体小说"或"散文化小说"。如需从理论上深究此问题,可参看汪曾祺的《小说的散文化》(收入《晚翠文谈新编》一书)。

《亡人逸事》

　　《亡人逸事》写于 1982 年 2 月 12
日,刊于同年第四期的《人民文学》,后收
入《芸斋小说》。必须说明,《芸斋小说》
虽冠以"小说"之名,但实际上却是散文。
最初发表的几篇,因写到了一些朋友的
缺点和错误,引起了或人的不满,遂以
"小说"体裁来避免麻烦。孙犁说:"芸斋
小说,就带有很大的自传性质。"如把这
篇文章真的当成小说,那就显得多少有
些单薄了。

　　该文平淡自然,蕴蓄着夫妻恩爱之
情,几个细节构成的片段,是很耐人寻
味的。

　　40 年的患难夫妻,在孙犁这样的大
手笔写来,该有多少感人的场景和细节

要描绘呀。但是,孙犁不是一一从头道来,而是选取了几件很是平淡的小事。

全文共四部分。第一部分,写夏季一个下雨天,孙犁未来的岳父在临街的梢门洞闲坐,遇见了两个以说媒为业的妇女,说来说去,他愿意让她们给二女儿和东辽城的"男方"说亲。"就这样,经过媒人来回跑了几趟,亲事竟然说成了。"结婚以后,"她"跟丈夫学识字。他们的洞房喜联横批是"天作之合"。这一段末尾,作者写道:"她点头笑着说:'真不假,什么事都是天定的。假如不是下雨,我就到不了你家里来!'"——既是悼念亡妇,就得写婚姻;而写婚姻,就不能不写传统的说亲。开头第一句是:"旧式婚姻,过去叫做'天作之合',是非常偶然的。"这就把他们婚姻置于20世纪20年代的背景之上。新媳妇的一句话,流露出自己对丈夫和夫家的满意。意在言外,余味曲包。

第二部分,追忆结婚之前的第一次见面,也就是"相媳妇"。女方村里有"我"的一个远房姑姑,特意叫"我"去看戏。开戏那天,姑姑在戏台下等"我"。姑姑拉着"我"的手,走到一条长板凳跟前。作者写道:

板凳上,并排站着三个大姑娘,都穿得花枝招展,留着大辫子。姑姑叫着我的名字,说:"你就在这里看吧，散了戏，我来叫你家去吃饭。"

姑姑的话还没有说完，我看见站在板凳中间的那个姑娘，用力盯了我一眼，从板凳上跳下来，走到照棚外面，钻进了一辆轿车。那时姑娘们出来看戏，虽在本村，也是套车送到台下，然后再搬着带来的板凳，到照棚下面看戏的。

这是一幅民间的相亲图。人在画中，情趣盎然；细致真切，颇有讲究。——我们要知道，这是在80多年前的冀中农村呀。而在文学作品中，写出动人的风俗画，也是一桩了不起的成就。孙犁的文友、著名作家魏巍曾说："孙犁的每一篇作品我都读过，对于他的作品，我的评价是：冀中乡俗画家。这也就是说，读完孙犁的文章后，在我们的脑海中立刻能联想出一幅美丽的风景画。"这就告诉我们，风景和民俗画，也是对作品艺术价值的一个衡量标尺。并不是把人物的"英雄事迹"写得越多越好，作品贵在使人物的思想感情活灵活现，跃然纸上，使人物、风景、习俗妙合无垠地被熔铸成化境。

在上面的相亲风俗画中，"我"的对象是可爱的。动作的麻利，"盯"我的大胆，"钻进"轿车的羞涩，栩栩如生地画出了一个未婚青年女性的内心世界。她是大

胆而又羞涩的，同时也是循规蹈矩的——也就是文中所说的"礼教观念很重"。但结婚后，她总说"姑姑会出坏道儿"，则见出她的似嗔非嗔、嗔中有喜的甜蜜心态。

文中又写道，结婚已好多年，一次，"我路过她家"，想叫她一起回家去，她严肃地说："你明天叫车来接我吧，我不能这样跟着你走。"这就写出了她的真性情。写人贵在存真，不能拔高，不能粉饰。真实了，就能动人。

第三节，写妻子过门后，由原先一个娇惯的小闺女，在婆婆的示范下，逐渐锻炼成家庭一个顶梁柱的过程。婆婆让媳妇干活"伸懒筋"，背北瓜，她背不动，哭了。婆婆倒笑了，自己拣起北瓜，背到家里去了。不久，新媳妇下决心学纺线织布，岁月使她的两个大拇指都变了形。后来闹日本，她带着孩子下地，赶集卖线卖布。可以说，几十年历尽艰辛，但却"从来没有对我叫过苦"。——这一句里，包含着多少风晨雨夕，见证了这位女性何等的刻苦和坚韧！

最令"我"感念的是："几个孩子，也都是她在战争的年月里，一手拉扯成人长大的。"长子孙普，患病夭亡，"每逢孩子发烧，她总是整夜抱着，来回在炕上

走"。

妻子生前,孙犁几次对儿女们郑重叮嘱:"我对你们,没有负什么责任。母亲把你们弄大,可不容易,你们应该记着。"

发自肺腑,感人至深。这几句话,他在晚年的文章中,几次重复说过。

2003 年 5 月,在孙犁诞辰 90 周年之际,他的小女儿孙晓玲著文悼念父亲。她在《摇曳秋风遗念长》一文中也提到,还在上学的时候,父亲就给孩子们说过上面这段话。可见,孙犁始终如一,一往情深。"王小丽"这个名字,也是孙犁给妻子起的。

读者中,如果有家境苦寒、又恰恰遇见了如孙犁妻子这般慈爱的母亲者,必能深深地铭记孙犁的这篇悼亡文字。

第四节,写一位老邻居多次劝孙犁写写"大嫂"。多年老友,内情尽知;委婉陈词,入情入理,所言皆是知识分子口吻——这在文章作法上,是宕开一笔,让宾客讲话,使文章生出波澜。"我唯唯"一段,作者直接抒情,作精要入微的内心独白。"相聚之日少,分离之日多;欢乐之时少,相对愁叹之时多耳。我们的青春,在战争年代中抛掷了。以后,家庭及我,又多遭变故,

直至最后她的死亡。我衰年多病，实在不愿再去回顾这些。"——同样是由衷之言。身心俱疲，再也经不起悲痛事件回忆的刺激了。于是，孙犁挑选了一些不太使人感伤的片段，写进本文。行文至此，孙犁还是抑制不住自己已经开启的感情闸门，对读者，也是对亡人的在天之灵，说下了一段深度反思的话："我们结婚40年，我有许多事情，对不起她，可以说她没有一件事情是对不起我的。在夫妻的情分上，我做得很差。"

文末，作者凝聚笔力，接着上述话语说：

正因为如此，她对我们之间的恩爱，记忆很深。我在北平当小职员时，曾经买过两丈花布，直接寄到她家。临终之前，她还向我提起这一件小事，问道：

"你那时为什么把布寄到我娘家去啊？"

我说：

"为的是叫你做衣服方便呀！"

她闭上眼睛，久病的脸上，展现出一丝幸福的笑容。

在悲苦中寻觅欢欣，在人生的长途上开掘意义——这是孙犁的人生哲学，又是他的为文道艺。

孙犁的散文理论,强调最好多写人不经心的小事,避免人所共知的大事。此文所用材料很少很少,但一经孙犁生花妙笔之点染,便神完气足,血肉丰满,成一完整的艺术品。另外,孙犁提出,散文要力戒"描写过细,表露无余",叙事"以简要为主",不要节外生枝。他不满于当代一些写得云山雾罩、冗长芜杂的散文。最有意思的是,他说,不要把悼念文章写成"悼词"(他说这是家属的愿望)。我们所喜爱和佩服的是,孙犁的散文这么短小精悍,这么意蕴深厚,进入了艺术和审美的境界。

《鞋的故事》

《鞋的故事》写于 1984 年 12 月,发表后转载于 1985 年第 7 期的《散文选刊》。全文不足 3000 字。这是一篇看似平淡实则丰腴的纪事散文。

要看热闹的读者,一读此文,肯定会大失所望。它所深蕴的韵味,是靠读者的文学素养"品"出来的,是靠艺术的感官欣赏、领略的。如果从传统的主题思想的视角看,作者通过请保姆的妹妹小书菱帮他做一双布鞋的日常琐事,表现了自己身在大都市而心里却很是向往农村生活的那种自由、本真和无拘无束;描绘了围绕做鞋一事,几个人物身上所体现的人情世态,以及作者对于布鞋在农村也慢慢消失所表征的人生道路和生活方式变迁之感叹。

人到老年，经历坎坷、艺术感觉敏锐、创作经验丰富的孙犁，能够在做布鞋这样细琐的事情上，写出这么一篇动人的散文。

篇首从"我幼小时穿的鞋，是母亲做的"说起，说到上小学时是叔母做；而结婚后是爱人做，她的针线活也是一样的好。自到大城市（保定）读书后，"觉得'家做鞋'土气，就开始买鞋穿了"。抗日期间，穿的是农村妇女做的军鞋。——开头100多字，只说自己的穿鞋、穿什么人做的鞋，笔势腾挪逶迤，婉转多姿。并给全文设置下了一个大背景。

接着写道，"现在老了，买的鞋总觉得穿着别扭。想弄一双家做鞋，住在这个大城市，离老家又远，没有办法"。这就引发了下面的故事。从文章的结构布局讲，这是一种铺垫。

下文写道，"在我这里帮忙做饭的柳嫂，是会做针线的，但她里里外外很忙，不好求她"。——这就进入了故事的具体情景，引出了人物。给作者做布鞋的是柳嫂的妹妹小书菱，而不是柳嫂。但不写柳嫂，她的妹妹则无由出场。作品场景的展现，就像做针线活一样，讲究针脚的细密和勾连的巧妙，而不得见出痕迹；就像画轴的观览，须慢慢地打开，而不能一下子猛地抖开。柳嫂的妹妹小书菱因置办结婚的陪送物品，来姐姐家里住过一阵。柳嫂讲过妹妹的故事，说她小时候胆子小，看见坟地露出的棺木就害怕。作者从书菱订婚以前私访婆家和"拼命织席"、到山里挣钱等事上，写出了她的"很有心计"和勤劳。柳嫂讲的关于妹妹的故事，令作者"很受感动"。下面，作者讲了自己对城乡青年女性的感触：

> 我有大半辈子在农村度过，对农村女孩子的勤快劳动，质朴聪明，有很深的印象，对她们有一种特殊的感情。可惜进城以后，失去了和她们接触的机会。城市姑娘，虽然漂亮，我对她们终是格格不入。

这一段话，对理解孙犁及其作品来说，十分重要，关乎他的人生道路和创作道路。孙犁和《红楼梦》的作者曹雪芹一样，认为女孩子心中埋藏着人类原始的美德。所以孙犁在农村工作时，曾"低三下四"地接触、了解她们的性情、心理和命运，才得以写出了《荷花淀》《芦花荡》《吴召儿》《山地回忆》等名篇。但是，孙犁发现，随着人类进化的达尔文规律，原始的美德慢慢地从女孩子身上消失了。他为此而深思,而叹息。他是从人性的视角看待女性的。——只有从这一宏观高度来看孙犁写女孩子的作品,才能得其真髓。

我们回到《鞋的故事》的下文。

书菱回家前一天,柳嫂把她带了来。作者一向是注意青年女性的形体的。他写道:"这女孩子身材长得很匀称","脸面清秀,嘴唇稍厚一些,嘴角上总是带着一点微笑。她看人时,好斜视,却使人感到有一种深情"。应该说,对人的形体美和神情美的欣赏,是一种合乎自然的感情。此前,作者给书菱一点钱,作为婚礼的礼金。这天,她已经用这钱买了一件内衣穿上了。当书菱问"我""我怎么谢承你呢?","我"提出:"你能不能给我做一双便鞋呢?"书菱没有说行,也没有说不行,只是很注意地看了看"我"伸出的脚。告别时,姐姐帮她穿好大衣,箍好围巾,理好鬓发。"在灯光之下,这女孩子显得非常漂亮,完全像一个新娘,给我留下了容光照人、不可逼视的印象。"临走,书菱提出要一张作者的照片,"我高兴地找了一张放大的近照送给她"。

不久,回了一趟老家的柳嫂,带来了书菱做的鞋。活儿做得精致极了,令"我"喜出望外,试了一下,可惜做得太小了。柳嫂拿到街上让人家"拍打拍打"后,勉强能穿了,但还是夹脚,一个大脚趾瘀了血,"我还不死心,又当拖鞋穿了一夏天"。

如果作者仅仅只是罗列故事,那就意义不大了。至此,他笔锋一转,写道:"我很珍重这双鞋。我知道,自古以来,女孩子做一双鞋送人,是很重的情意。"

这就把眼前的这个故事,深深地扎根于中国传统文化的沃土之中。轻轻一点,使故事增加了丰富的文化底蕴。中国人,送礼品,都是有讲究的。孙犁,作为一位深知中国传统文化精义的作家,他是从文化的视角来感受和处理自己的写作素材的。

故事还没有完。"我还是没有合适的鞋穿",第二年,柳嫂不断听到小书菱的消息:生了一个孩子,还是拼命织席,准备盖新房。柳嫂提出再叫小书菱给"我"做一双,终于买了鞋面,写了信寄去了。到冬季,柳嫂的母亲从老家带来了书菱做的第二双鞋。大小合适,穿着很轻快,"我很满意"。但柳嫂发现,"这活儿做得太粗了,远不如上一次"。"我想:小书菱上次给我做鞋,是感激之情。这次是情面之情,做了来就不容易了。"于是,"我默默地把鞋收好,放在柜子里,和第一双放在一起"。——这是人间美好感情的珍藏。

文章在此,又峰回路转,进入新的视点。柳嫂说:"眼前,就是农村,也没有人再穿家做鞋了,材料、针线都不好找了。"——这就自然地把文章的聚焦点转移到社会生活的时代变迁上。"我"顺着柳嫂的思路拓展,说她说的是"真情"——现状和人们的心理确实如此。作者联系自己的经历,进一步深化了文章的主题:"我们这一代人死了以后,这种鞋就不存在了,长期走过的那条饥饿贫穷、艰难险阻、山穷水尽的道路,也就消失了。农民的生活变得富裕起来,小书菱未来的日子,一定是甜蜜美满的。"

　　这一段话,把文章的主题升华到两代人生活方式的变迁的高度,作者对此是万感交集的,既有对艰难的战斗岁月的怀恋,也有对下一代美好未来的深切祝愿。若再深一层探究,他的传记材料表明,孙犁的农村生活习惯很牢固,恋乡情结很深厚,并不喜欢在大城市生活。这也反映了他作为一位哲人,对当代人的生存状态的反思,对现代化生活的某种质疑(如对装修房子的反感)。在他那彩云流动的昔日记忆里,村里的炊烟多么吸引人;杏花,是北方原野上"最美丽的点缀";而"鸡叫",又是和他的人生道路魂牵梦绕在一起的。他说过,他都后悔在天津这个城市生活了。这些想法,是

他作为一个独立个体生命的独特体会，青年人应该抱着同情的态度来理解，而不要以"代沟"的理由简单地予以排斥。

文章最后写道："那里的大自然风光，女孩子们的淳朴美丽的素质，也许是永存的吧。"——使整篇文章，收束于作者对农村大自然风光和女孩子美丽素质的良好祝愿。

孙犁的爱美，是爱得太深了，爱得刻骨铭心。他提到曹雪芹的时候，说了一个经自己深切体验而认同了的意思："他认为世界上有如此众多的可爱的人物和性格，他为他们的不幸，流下了热泪，以至泪尽而逝。"虽说新旧社会有本质的区别，但在热爱人生这一点上，孙犁与曹雪芹是一致的。正因为如此，孙犁才会这样珍惜生活中一切美的东西，热情地寻觅它，探索它，表现它。

通过这篇散文，我们可以学习孙犁包蕴丰富的文化襟怀，领会他从生活琐事中提炼写作素材、熔铸成篇的艺术功力，还可以仿效他剪裁材料、运用自如的结构艺术。

《鸡　叫》

中外文学史上的大作家，大都是十分勤奋的。因为离开了对时间的充分支配，创作将无从谈起。孙犁，就是这样。逢年过节，他就写一篇，不能叫笔闲着。1987 年 4 月 5 日，是清明节，他写下了一篇题为《鸡叫》的散文，全文 1500 字左右。

鸡叫，是生活中常见的现象。但是，由于人的经历不同，年龄段不同，对鸡叫的感受也就自然有异。孙犁是农家出身，感觉灵敏，"听鸡叫"在他已经成为一种审美的嗜好，一种美好动情的回忆。

孙犁提到游记这种文体时，认为游记写作"在思而不在游"；同理，状物一类散文（"鸡叫"应属于广义的状物散文），也不在将这个"物"写得多么逼真，而在于作者主观情意与"物"态之契合，有所生发，出人意表。

一开篇，孙犁写道："在这个大杂院里，总有人养鸡。"他继而设想，进城以前这座宅院的主人吴鼎昌（曾任《大公报》社长、蒋介石"总统府"秘书长）不会想到养鸡；日本占领时期，住在这里的特务机关，也不会想到养鸡。

由远及近，孙犁这一批人进城接收时，也没有想到养鸡。初期，"院里的亭台楼阁，山石花木，都保存得很好，每天清晨，传达室的老头，还认真地打扫"。

1958年以后，报社机关搬入新建的楼房，这座院子成了干部宿舍区。住家越来越多，人也越来越杂。养鸡之初，是一些负责同志，他们的家属带来了农村的生活习惯，养鸡只是其中一种。最重要的原因是：大跃进时期，经济衰退，"使一个鸡蛋涨价到一元人民币，人们都有些浮肿，需要营养，主妇们就想：养个鸡吧，下个蛋吧"。

以上关于院子养鸡的历史叙述，是概括的，由远及近的。接着，又说到"我们家"："那时也养鸡，没有喂的，冬天给它们剁白菜帮，春天就给它们煮蒜瓣——这是我那老伴的发明。"

养鸡本身，确实是没有多少可说的。作者笔锋一转，收束上文："总之，养鸡在一定的历史条件下，是权宜之计。不过终于流传下来了，欲罢不能。"后来，过节时，街道上的人来禁养，但"当场宰掉"的禁鸡方式，作者只见过一回。

以上，是本文的第一部分。说的是养鸡的本事，使后面的议论，有了一个必要的基础。作为文章，这两个部分之间，在格式上隔着一行，标示这是两个相对独立的部分。

第二部分，由"养鸡"过渡到"鸡叫"——"有鸡就有鸡叫"——如果第二部分还迟迟不破题，那么这篇文章就会显得头重脚轻了。文章的过渡、衔接、呼应，在大手笔孙犁这里，是运用自如的。他写道：

> 我现在老了，一个人睡在屋子里，又好失眠，夜里常常听到后边邻居家的鸡叫。人家的鸡养在什么地方，是什么毛色，我都没有留心过，但听这声音，是很熟悉的，很动人的。说白了，我很爱听鸡叫，尤其是夜间的鸡叫。我以为，在这昼夜喧嚣，人海如潮的大城市，能听到这种富有天籁情趣的声音，是难得的享受。

这就亮出了自己对于鸡叫的审美观——鸡叫声"富于天籁情趣";而这"昼夜喧嚣,人海如潮"的大城市,则是自己现在听鸡叫的大背景。在当今大城市日益拥挤、环境污染的情况下,追求田园风光和农家乐,似乎成了一股小小的潮流。不用说,审美感受,在这里是一个不可忽视的重要因素。人的感觉如果麻木了,那就无所谓美了。——作家和诗人,是民族的感官。

作者接着说:"美中不足的是:这里的鸡叫,没有什么准头。这可能是灯光和噪音干扰了它。"本来,鸡叫三遍有钟点,鸡叫三遍人就起床;现在,城市的鸡叫,没准头,乱了谱。

对鸡叫的审美感受,说到底,是个体的,是人各不同的。不能替代,不能混同。孙犁于此,具有独特的生命体验。他写道:"我12岁的时候,就在外求学。每逢假期已满,学校开课之日,母亲总是听着窗外的鸡叫。鸡叫头遍,她就起来给我做饭,鸡叫二遍再把我叫醒。待到我长大结婚以后,在外地教书做事,她就把这个差事,交给了我的妻子。一直到我离开家乡,参加革命。"

这一段文字,就使上一段的意思具体化了。鸡叫三遍,成了立体化的事物,成了和自身的人生道路密切相关的东西。"鸡叫"的葱茏诗意，就包蕴在这段饱含情韵的描述里。著名散文作家秦牧说过，文章的重点部分，应该渲染，使之突出才行。孙犁在散文上的修养，并不比秦牧差，他早就从古人的许许多多的力作里，深深地领会了这些道理了。

孙犁如此总结自己昔日与鸡叫的关系："我在农村听到的鸡叫，是伴着晨星，伴着寒露，伴着严霜的，伴着父母妻子对我的期望，伴着我自身青春的奋发。"这是孙犁对自己一生的一个诗意的总结，是对自身超越凡俗的生存状态的由衷抒情。言简意丰，把自己一生的精神生命全部灌注到里面了。陆机的《文赋》里说："立片言而居要，乃一篇之警策。"就是说，一篇文章，将一两句精练扼要而含义深切动人的文句，置于适当的地位，是很有分量的。孙犁非常喜爱陆机的《文赋》，说陆机从创作实践中总结了好多切实的东西。

文章最后，这样写道：

现在听到的鸡叫，只是唤起我对童年的回忆，对逝去的时光和亲人的思念。

彩云流散了，留在记忆里的，仍是彩云。莺歌远去了，留在耳边的还是莺歌。

　　孙犁此时已经 74 岁了,他的艺术感受能力还是这么强,胸中储存的诗意还是这么浓郁。本文的前半部分,是叙事;后半部分,是抒情和议论的有机融合。后半部分,完全可以说,是一首散文诗。在理解这篇散文时,既要重视作者的独特经历,又要学习他善于剪裁、在文势的收放腾挪中从容地逼近紧要处,巧妙渲染的功力。

　　中学生面临的生活素材,也是不少的。细细欣赏《鸡叫》一文,你能学到些什么有益的写作方法呢?

《听朗诵》

每一个人,由于自己的修养、爱好的关系,对媒体有所偏好是难免的。有的喜欢看电视,有的喜欢听广播,有的则喜欢读报刊,不一而足。孙犁不大看电视,而喜欢听广播。1985 年 9 月 15 日晚,他在收音机里,听了一位教师朗诵的鲁迅名篇《为了忘却的记念》。这篇杂文牵动了孙犁敏感的神经,使这位崇拜了鲁迅一生的名家心潮起伏,浮想联翩。过了五六天,遂满怀激情地写成这篇《听朗诵》。该文收入《陋巷集》。

中学时代,孙犁就非常喜爱鲁迅作品;抗日战争中,行军时,他也带着鲁迅的著作。进城前,孙犁还写过《少年鲁迅读本》等两本宣传鲁迅的小册子。他立志要学习鲁迅的思想、感情和文字,连买书也是依照鲁迅"书账"里的书目。说起《为了忘却的记念》,还有一段故事呢。这篇文章第二段写道:"这篇散文(杂文属于广义的散文——阎按),是我青年时最爱读的,每次阅读都忍不住热泪盈眶。在战争年代,我还屡次抄录、油印,给学生讲解,自己也能背诵如流。"

值得注意的是,本文并非谈论教师的朗诵艺术,而是由鲁迅的这篇文章生发开去,抒发自己关于历史和文学之情思。其情怀是深沉、浩渺,悲怆而又凝重的。文字简约,含义颇深。

这时孙犁住平房,在他那"空旷寂静的房间里,在昏暗孤独的灯光下",这位老人坐下来,"虔诚地、默默地听着","心情变得很复杂,很不安定,眼里也没有了泪水"。在历史面前,阅历丰富的人,其心情往往是沉重的,幽思绵绵的。孙犁的思考,自觉不自觉地排除了情感因素,更多地进入了理智的层面。

孙犁写道:"50年过去了。现实和文学,都有很大变化。我自己,经历各种创伤,感情也迟钝了。五位作家的事迹,已成历史,鲁迅的这篇文章,也很久没有读,只是偶然听到。"这一段,说的是时代和文学都产生了很大的变迁,自己也与鲁迅的这篇名文久违了。

如实道来，并无伪饰。但是，一提到这篇作品，不由令人想起"革命的青年作家群，奔走街头，振臂高呼，终于为革命文学而牺牲"的情景。不过，这些浮现于孙犁眼前耳边的情景和声音，从社会的整体文化语境而言，确实如孙犁所说，"对当前的文坛来说，是过去了很久，也很远了"。——在此，孙犁所反思的，不仅是自己一人，而是社会整体，特别是"文坛"。新时期以来，对鲁迅的质疑乃至贬斥的声音，孙犁并非不知，这些不能不触动他的心弦。

接下来，孙犁直接评论此种情况。他以洞察幽微的眼光，看出了文化界大多数人未必思考的问题：

> 是的，任何历史，即使是血写的历史，经过时间的冲刷，在记忆中，也会渐渐褪色，失去光泽。作为文物陈列的，古代的佛教信徒，用血写的经卷，就是这样。关于仁人志士的记载，或仁人志士的遗言，在当时和以后，对人们心灵的感动，其深浅程度，总会不同吧？他们的呼声，在当时，是一个时代的呼声，他们心的跳动，紧紧接连着时代的脉搏。他们的言行，在当时，就是群众的瞩望；他们的不幸，会引起全体人民的悲痛。时过境迁，情随事变，就很难要求后来的人，也有同样的感情。

在此，孙犁所谈论的是历史人物和历史事件影响力的"递减"问题，社会意识形态与历史精神的隔膜问题。这就是历代和我们当前一再强调的历史文化传统的继承问题。孙犁是通情达理的，怎么能要求人们普遍地理解历史，发扬历史精神呢？对此，哲人孙犁，也只有发出自己的叹息而已。历史的复杂，人情的变迁，文化现象的纷纭，孙犁是看得很透的。他指出："时间无情，时间淘洗。时间沉淀，时间反复。历史不断变化，作家的爱好，作家的追求，也在不断变化。""抚今思昔，登临凭吊的人，虽络绎不绝，究竟是少数"；况且，"有些纪念文章，也是偶然的感喟，一时之兴怀"。——这一点，是我们今天读游记，读人物纪念文章时，不可不知道的。青年人，只有阅历深了，才能慢慢理解孙犁所说的这个道理。

那么，在现实面前，难道我们就无所作为了吗？则又不然。

文章至此，笔锋一转，打开了另一扇门；山重水复疑无路，柳暗花明又一村。孙犁写道："世事虽然多变，人类并不因此废弃文学，历史仍赖文字以传递。三皇五帝之迹，先秦两汉之事，均赖历史学家、文学家记录，才得永久流传。如果没有文字，只凭口碑，多么重大的事件，不上百年，也就记忆不清了。"作为一位十分喜爱历史的作家，孙犁对文字的重视，是少有的。他接着说："文字所利用的工具也奇怪，竹木纸帛，遇上好条件竟能千年不坏，比金石寿命还长。"

下文进入另一层，"能不能流传，不只看写的是谁，还要看是谁来写"。这就进入写作领域了。"秦汉之际，楚汉相争，写这个题材的人当时不下百家。一到司马迁笔下，那些人和事，才活了起来，脍炙人口，永远流传。"强调了文字的重要，历史学家特别是"良史"的难得。

写到这里，话题离开朗诵的内容愈发远了。风筝放出去，还得收回来。接着，孙犁把思路牵回原处："白莽柔石，在当时，并无赫赫之名，事迹并不彰著。鲁迅只是记了私人的交往，朋友之间的道义，都是细节，都是琐事，对他们的革命事迹，或避而未谈，或谈得很简略。然而这篇充满血泪的文字，将使这几位青年作家，长期跃然纸上。他们的形象，鲁迅对他们的真诚而博大的感情，将永远鲜明地印在凭吊者的心中。"

正像登山一样，峰回路转，螺旋式上升，最终还是登上了顶峰，可以远眺四下的无限风光。千载万里，历代风流，英雄豪杰，风云变幻，尽收眼底。所以，行文

至此，孙犁松了一口气，舒缓地说："想到这里，我的心又平静了下来，清澈了下来。"

文章最后，作者作了总结："文章与道义共存。文字可泯，道义不泯。而只要道义存在，鲁迅的文章，就会不朽。"——这几句话，可以看做这篇杂文的主题思想。

那么，什么是"道义"呢？"道义"一词，旧指道德和义理，今指道德和正义。概括言之，就是人类社会的价值标准。从这里，也可以看出，晚年的孙犁，对社会人生和历史文化，包括五四新文化、当代文化的思虑之深。

高中生们，对鲁迅和孙犁感兴趣的，可以将这篇文章细细读读，认真思考一下它所阐明的道理。这个道理，可以统领中学几乎全部鲁迅作品的学习。对一些比较抽象的道理进行钻研，这是一位青年学子开发才智的重要途径。青年不畏难，险途勇登攀！

《我的绿色书》

这篇《我的绿色书》,是年届八十的孙犁,在1992年8月中旬的一天清晨写的。爱书爱了一辈子的老人,从20世纪80年代起,就对自己的藏书分类清点,写成一系列简要介绍的文章。所谓"绿色书",就是关于植物的书。这仅仅是孙犁藏书中,一个小小的门类。但是,从这一窗口,也可以看出这位藏书家的情趣,领会他的人生感悟。

开首说:"我自幼喜欢植物,不喜欢动物。"上学以后,他就对植物学有兴趣。在孙犁的藏书中,有不少是关于植物的书,比如《群芳谱》《花镜》《花经》。孙犁写道,其中《植物名实图考长编》,是一部大著作,它的姊妹篇,也就是《植物名实图考》,"都是图,白描工笔,比看植物标本,还有味道,就不用说照片了"。

提起这一话题,自然要把它和实际生活联系起来,这样就能避免就书谈书。作者写道:"我喜欢植物,和我的生活经历有关:我幼年在农村庄稼地里度过,后来又在山林中,游击8年。那时农村的树木很多,村边,房后,农民都栽树。"由农村景象,孙犁想起了旧戏的一段念白:看前边,黑压压,雾沉沉,不是村庄,就是庙宇。他认为,这段念白"最能形容过去农村树木繁盛的景象"。可以想见,在孙犁的记忆里,储存着多少关于树木等植物的记忆,但他却没有细加描绘,仅仅借用旧戏的戏文作了概括的描述。它给读者留下了想象的余地。

孙犁说过,人是从自然而来的,就出于本能热爱自然。昔日的美好记忆,与他当前的所见,形成了鲜明的对照。他写道:"幼年时,我只有农民种植树木、修剪树木的印象,没有看见有人砍伐树木的印象。"

树木的繁盛,给人的观感是愉快的,是生机勃勃的,令人亲近的。古来说"天人合一",就包括人和树木及其他植物的和谐相处。"天",就是大自然。树木和其他植物,是人们的审美对象,是大自然元气的凝聚和展现，是人的情感和意态的对应物。孙犁作为一位极度爱美之人，他对树木的格外留意，是很自然的。养花养草，是孙犁业余的一项重要活动。我们知道，一个时期，不少地方管理混乱，砍伐树木成风，花木被盗。这种现象孙犁是看到了，他是不忍于心的。他说"文革"后，他亲眼看到，一个"花园式庭院"毁灭的经过：先是私人，为了私利，把院中名贵的花木砍伐了；然后是公家，为了方便，把假山、小河，夷为平地，抹上洋灰，使它寸草不生，成了停车场。——这种景象，用一句成语说，是真够令人"伤心惨目"的！

应该指明：孙犁此处所说的"花园式庭院"，就是他本人所在的报社家属院。环境那么优美的院子，被破坏成了什么样子，这是他"亲眼看到"的。但写文章，就不能太实，没有指明罢了。

"文革"时期，孙犁曾在农场劳动。他写道，那里见不到一棵成材的树。他曾为村边一棵孤零零的小柳树的前途担心，结果长到茶杯粗，夜里竟叫人砍去了。

记忆的翅膀还在飞翔，孙犁叹息道："我的家乡，也不再是村村杨柳围绕，一眼望去，赤地千里，成了无遮拦的光杆村庄。"

孙犁说过，忧国忧民，是时代的大主题。历代的仁

人志士，没有不忧国忧民的。树木一事，在别人看来也许是小事一桩，但这件事却牵动着八旬老人孙犁的心。

景观摆出来了，到底原因何在呢？孙犁列举了"素质不高""道德欠缺""没有文化""因为穷"等别人的一些说法。不过，他没有评判。他说，以上所说，"都是前些年的事"，"现在的景象如何"，因为自己很久不出门了，就不得而知。——这是文章的一个小的跌宕，接着引起下文："从楼上往下看，还到处是揪下的柳枝、踏平的草地。藤萝种了多年，爬不到架上去，蔷薇本来长得很好，不知为什么，又被住户铲去了。"

对此又有各种说法，如"管理不善""法制观念淡薄"等。孙犁说："这问题就更难说清楚了。"在生活中，在文章中，孙犁对别人的问话，经常是"笑而不答"，这种态度值得玩味。此处，他列举了几种看法，但自己却不正面表态，而是引而不发，导入下文：

> 我不知道，我过去走过的山坡、山道，现在的情景如何，恐怕也有很大变化吧！泉水还那样清吗？果子还那样甜吗？花儿还那么红吗？

文末，孙犁又回到了文章的话题："见不到了，也不想打游击了。闭门读书吧。这些植物书，特别是其中的各种植物图,的确给老年人,增添无限安静的感觉。"

"我的绿色书",是孙犁在握的风筝线,一直小心翼翼地不将它弄断。风筝尽可漫天飘舞,但这根线却不能丢弃。在喻意上,写文章,也就是"放风筝"的艺术。运用之妙,存乎一心。

青少年读者,在学习孙犁作品的时候,应当了解其身世和时代背景,设身处地,突破可能存在的"代沟",汲取其中的精髓。切莫要按照社论和文件精神去硬套——如果那样,就会与耕堂老人格格不入。

我们自己,有绿色书吗?

《蚕桑之事》

　　人到老年,通常会产生一种怀旧情绪。不再上班了,事情少多了,大半生一幕幕的往事,自然就涌上心头。对于一位进入成熟境界的老作家来说,"怀旧"心理恰恰为他们打开了回忆和联想的闸门,许多场景、镜头和印象,一旦进入其视野,就会在他们的生花妙笔之下,转化成为华彩乐章。回忆,或者说怀旧,是老年人精神状态的一个重要特征。

　　养蚕,这是少年儿童非常喜爱的一种活动。最初,蚕儿只是比米粒还要小的"小不点儿",慢慢地长大了,有了小小的慢慢蠕动的身子。一口一口地吃着桑叶,肚子圆实起来。伸着头,动弹的身体内桑叶的绿色似乎隐约可见。及至吐展丝绵，那更是好看：软绵绵，轻悠悠，或白或黄，用一道道丝线织成茧。那是一个生命成长和蜕变的过程，对小孩子具有很强的吸引力。孙犁小时候也养过蚕。他的散文《蚕桑之事》写于 1987 年夏，后收入《芸斋小说》。

这篇文章偏重写桑叶之难得，当年和他一起养蚕的一个远房妹妹的人生变迁，以及自己对人生与蚕桑关系所引发的"造物""奇巧"的兴叹。

开首说，北方桑树少，只是在两家田地间有时种一棵叶桑（叫做桑坡）作为地界。因为两家争地，犁铧经常铲断它的根，很难活。每年春季，野桑也会长出铜钱大的小桑叶，挺可爱的，"附近的儿童们，就会养几条小蚕，来利用、也可以说是圆满这微小得可怜的自然生态"。

作者几乎没有写蚕儿。他赞叹的是："蚕儿与桑叶，天造地设，是同时出世。"接着说，"养蚕的规模，当然是很小的，用一个小纸盒的盖子就可以了。养蚕的心，是虔诚的，小盒子铺盖得温暖而干净。"这样写，还没有进入具体过程。于是，从养蚕的儿童说起，"每天清晨，一起来就往地里跑，有时跑得很远，把桑坡上好不容易长出的几片新叶采回来，盖在小蚕的身上，把多余的桑叶，洒上点水，放在一边储存"。

但是，"供需矛盾"出现了。竞争的结果，不几天，"桑坡的枝条，就摧残得光秃秃，再也长不出新的叶子来了"。——这种情况，大概是每一个养过蚕儿的孩子都经历过的。后面的问题更严重：蚕儿刚长大一些，正需要更多的桑叶，就绝粮了。只好喂榆叶，但蚕儿不爱吃，有的饿死，有的勉强活下来，"就有气无力地吐起丝来"。——这些描叙，也许可以说，并未见出多少精彩。下面，作者展开了情致动人的描写：

> 每年养蚕，最初总是有一个美丽的梦：蚕大了，给我结一张丝绵，好把墨盒装满。蚕只能结一片碗口大小的，黄白相间的，薄纸一样的绵。
>
> 和我一同养蚕的，是一个远房的妹妹。她和我同岁，住在一条街上。她性格温柔，好说好笑，和我很合得来。……
>
> 我们的蚕，放在一起。她答应我，她的蚕结的绵，也铺在我的墨盒里。她虽然不念书，也知道，写好了字，做好了文章，就是我的锦绣前程。她的蚕，也只能吐一片薄薄的绵。
>
> 我们的丝绵，装不满墨盒。12岁我就离开了家。

这是淡淡的记忆,是云烟往事。读来给人以苦涩、苍凉之感。儿童爱美、好奇的天性,在养蚕这件事情上表现得很是突出,但能圆满实现理想者,恐怕不是太多的。孙犁写道,前几年,他回过一次故乡。那位妹妹热忱地看望了他。孙犁说,她童年的形象在他的心里"刻画得太深了太久了,以致使我几乎认不出她目前的形象"。用一句成语说就是:恍若隔世。孙犁的人生感慨是太深了,他说:"我们都老了,我们都变了。我们都做了一场梦,就像小时候养蚕一样。"他的这种想法,正应了古人所说的"人生若梦"这一句话。可能有一点消极,但是他的感受却是真诚的。这是真实的人生,如果完全用五彩笔来描画未来,这对青年人并不利;而在高中阶段在一定程度上了解人生的复杂性,看来对高中生进入大学,乃至接着进入社会,是一种知识上的准备。作者对妹妹诉说了,他少小离家,患难余生,流落他乡,老病交加之苦。她也给"我"诉说了两个姐姐患淋巴结核已死,自己因同样的病,胸前留下了一片大伤疤。因故,与她父亲过继的外甥打了五六年官司,终于胜诉,人称"不好惹"。而现在,和公婆、儿媳都不和。她只身一人,往新疆做买卖,人以为"能"。

孙犁听叔母说,她还好打牌,输了就到田里偷大麻子或是棉花。现在说媒，有时也"神仙附体"。看来，这并不是一个安分的女人。

听着这些，"我几乎没有什么感慨"，他说自己的心已经"麻木"了。他经事见人太多太多了，这些事情，不会引起他多大的惊奇。况且，眼前的情况，正符合孙犁一向的观点：女孩子心中埋藏着人类原始的美德；但随着年龄的增长，就会发生变化。他的作品，写了那么多女孩子，基本都是有原型的。对实际生活的艺术概括，对人生的深层透视，使孙犁往往能站在一个更高的视点上，观察人生，体味世情。他的性情是宽厚的，仁爱的。所以，对这位妹妹的情况，如此评论："不要责备童年的伴侣吧。人生之路，各式各样。什么现象都可能发生，可能呈现的。美丽的梦只有开端，只有序曲，也是可爱的。我们的童年，是值得留恋的，值得回味的。"

作者是谦虚的，他作了一个"反向思维"。他说："她对我，也会失望的。我写的文章，谈不上经国纬业，只有些小说唱本。并没有体现出，她给我的那一片小小的丝绵，所代表的天真无邪的情意。"孙犁并非故作姿态，因为在世俗的人们看来，孙犁的一生，不过只是写了一点文章，并没有干成什么大事。

　　人生的事情，到此就说到底了。笔锋回转，又腾挪到桑树上。"风筝"的线，还得收回来。孙犁写道："故乡的桑坡，和地主的桑园，早已不见。自从离开家乡，我很少见到桑树。在保定读书时，星期日曾到河北大学的农业试验场，偷吃过红紫肥大的桑葚。'文化大革命'时，机关大院临街的角落，有一个土堆，旁边有一棵不大的桑树。每逢开会休息时，我好到那里，静静地站立一刻，但心里想的事情，与蚕桑无关。"

　　这意思是说，蚕桑之事，虽然在童年寄托着人生的理想，但仅仅只是整个人生的一个插曲而已。"心里想的事情，与蚕桑无关"，意在言外，余音绕梁。

　　文章如果就在这里结束，那就显得有些"硬"，没有充分地扣合在文章的题目上。孙犁哪能在将手中的风筝线没有完全收回来之时，就撒手不管呢？他会巧妙地回到这篇散文的轴心的。请看：

　　　　我养的花木中，有一棵扶桑。现在这种花，在天津已经不大时兴了。它的叶子、枝干，都像桑树。桑树皮的颜色，与蚕的颜色，一般无二，使人深深感到，造物的奇巧，自然的组合，有难言的神妙。

又提到了桑树，又提到了蚕。可谓针脚细密，灭尽痕迹。整篇，由养蚕、找桑树桑叶开始，及于人事；又由人事转到桑树，再转到与桑树无关的心思——"空白"；而最后，又由"虚处"回转到蚕桑之事。但这一回，不再说具体的养蚕，而是在"扶桑"与"蚕"的颜色"一般无二"上赞叹"造物"的奇巧和神妙。把全文的意境拓展得更悠远，更深邃，令人更加难忘了。

《谈修辞》

　　《谈修辞》这篇文学随笔，是孙犁于1983年9月一个雨天写的。我们知道，修辞学是一门学科，是语言学的分支。中学语文课里，也有修辞学的内容，所讲无非是修辞格的一些常识。语文课的学习，特别是作文，一点也离不开修辞。20世纪80年代，就有评论家指出孙犁是"语言大师"，后来著名作家蒋子龙也认为孙犁是"语言大师"。确实，孙犁文章的修辞是很漂亮的，功力深厚，不同凡响的。这里，请孙犁老师来给我们上一堂课，就讲讲修辞。

　　一开讲，孙犁老师便回顾道："我在中学时，读过一本章锡琛的《修辞学概论》，也买过一本陈望道的《修辞学发凡》。后来觉得，修辞学只是一种学问，不能直接运用到写作上。"这就提出了一个根本性的观点：作为学科之一的修辞学，虽然不可或缺，但它并不能直接用于写作。他并不是否定修辞学，而是要人们把视野拓展得更深更广，把所学的知识学活。

接着，他说："语言来自生活，文字来自书本。书读多了，群众语言听得熟了，自然就会写文章。"这就是要把修辞学的知识还原到生活与书本里去，使之充满生命力——就像花木只能植根于沃土，而不能长久地插入花瓶中。"脑子里老是记着修辞学上的许多格式，那是只有吃苦，写不成文章的。"

孙犁是作家，不是修辞学家，所以谈修辞问题，其着眼点在于写作实践。在这里，他把问题提到一个更大的领域，指出："古书上有一句话：修辞立其诚。这句话，我倒是老记在心里。"可以说，"修辞立其诚"这五个字，是孙犁此文的张本，或者灵魂。不谈具体修辞方法，只谈大道理。把这个道理弄清楚了，就能提升中学和大学修辞学习的水平。

为什么这样说呢？孙犁回答说："把修辞和诚意联系起来，我觉得这是古人深思熟虑，得出的独到见解。"这样说，青年可能觉得有点抽象或不着边际，但我们想一想：当今我们不是整天讲要"诚信"吗？"诚信"是做人的根本，而文章是人写的，那么作为文章要素的修辞，哪能离开"诚意"呢？

孙犁继续说："通常，一谈到修辞，就是合乎语法，语言简练、漂亮、多变化等等，其实不得要领。修辞的目的，是为了立诚，立诚然后修辞。这是语言文字的辩证法。"孙犁论文学，一贯的思路是：强调"为文之道"，用它来统摄为文的技法或技巧。只有这样，才能根子正，站得高，把文学技巧融化于写作者的整体生命中。试想想：古今中外，哪一个名家是单单靠所谓的"技巧"而成功的？离开了真实的生命体验和真诚的写作动机，哪里还有优秀的著作呢？

孙犁退一步说："语言，在日常生活中，以及表现在文字上，如果是真诚感情的流露，不用修辞，就能有感人的力量。"普通人，并不具备多少修辞学的知识，但当他处在某一情境或者紧急关头，所说的一两句话，往往也能够让人动心，甚至使人下泪。看戏看电影时，我们都有这样的体会。难道是因为那些人运用了什么修辞吗？

孙犁并不是不要修辞，而是极而言之，说只要说者真诚，即使是不用修辞，也能感动人。这就涉及到修辞与人的感情的关系。古人论及此事的言论多矣，孙犁就"情"与"辞"的关系，列举了三个成语，加以论说：

"情见乎辞"，这就是言词已经传达了真诚的感情。

"振振有辞"，"念念有词"，这就很难说了。其中不真诚的成分可能不少，听者也就不一定会受感动。

据此，孙犁说："有词不一定有诚，而只有真诚，才能使辞感动听者，达到修辞的目的。"

任何结论，都要靠事实来支撑。孙犁从古代举例："苏秦、张仪，可谓善辩者矣，但古人说：好辩而无诚，所谓利口覆人邦国之人也。因此只能说是辞令家，不能说是文学家。作家的语言，也可以像苏秦、张仪那样善辩，但必须出自创作的真诚，才能成为感人的文学语言。"——例子不在乎多，而在于典型有力。孙犁是要区别文学语言和"外交辞令"的。人类的不同活动领域，对语言的要求是不一样的。孙犁说："就是苏秦，除了外交辞令，有时也说真诚的话，也能感动人。"举同一个人的例子，既可从反面说，也可以从正面看。孙犁提出了苏秦"真诚的话"，那到底是什么话呢？下文

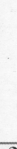

写道：

> 《战国策》载，苏秦不得志时，家人对他很冷淡，及至得志归里，家人态度大变。苏秦曰："嗟乎！贫穷则父母不子，富贵则亲戚畏惧。人生世上，势位富贵，岂可忽乎哉！"这就叫情见乎辞，比他游说诸侯时说的话，真诚多了。也就近似文学语言了。

一个特定的人，正面、反面的例子都可列举，这就说明了人生的复杂，语言现象的复杂。孙犁作为作家，谈修辞总是不离文学和人生。所以，他归结说："从事文学工作，欲求语言文字感人，必先从诚意做起。有的人为人不诚实，善观风色，察气候，施权术，耍两面，不适于文学写作，可以在别的方面，求得发展。"其实，不真诚的人，干什么事情，都不可能干好，都会惹人生厌的。

文末，孙犁作了总结。他指出："凡是这种人写的文章，不只他们的小说，到处给人虚伪造作、投机取巧的感觉，就是一篇千把字的散文，看不上几句，也会使人有这种感觉。"最后，还有一句格言式的话：

> 文学如明镜、清泉，不能掩饰虚伪。

说来说去，就是这样一个道理。把它真正理解了，再读读修辞学著作，同时在写作实践中多加练习，自觉注意"情"与"辞"的关系，不会学不好修辞。"文学如明镜、清泉"这句话，不就是很好的比喻吗？

综观孙犁著作，他最擅长的修辞手法是比喻和排比。他的运用，非常熟练、巧妙，往往能令人拍案叫绝。此处，随手举出几个比喻的例子，其中都涉及"清"字，表征了孙犁自己的美学理想，从他的意识深处可以看出他确实是所谓的"一代清才"：

> 老年人，回顾早年的事，就像清风朗月，一切变得明净自然，任何感情的纠缠，也没有，什么迷惘和失望，也消失了。

——《芸斋小说·石榴》

> 那些年，我是多么喜欢走路行军！走在农村的、安静的、平坦的道路上，人的思想就会像清晨的阳光，猛然投身到披满银花的万物上，那样闪耀和清澈。

——《晚华集·某村旧事》

> 真诚的回忆，将是明月的照临，清风的吹拂，

它不容有迷雾和尘沙的干扰。

——《晚花集·在阜平——〈白洋淀纪事〉重印散记》

　　这(指铁凝的《哦,香雪》)是一首纯净的诗,即是清泉。它流过的地方,也都是纯净的境界。

——《远道集·谈铁凝的〈哦,香雪〉》

孙犁作品中的比喻,是一个清丽、神奇的世界。收集起来,排列一下,自成格局。它是一座优美的园林,是撒满璀璨繁星的夜空,是抛向读者的一束束带露的鲜花。我们怀着欣喜的心情,观赏它吧,领略它吧,融入它那氤氲着浓郁诗意的世界。

名家视角

怀念孙犁先生（摘录）

铁　凝

　　时至今日，我想说，徐光耀是我文学的启蒙老师。他在那个鄙弃文化的时代，对我的写作可能性的果断肯定和直接指导，使我敢于把写小说设计成自己的重要生活理想；而引我去探究文学的本质，去领悟小说审美层面的魅力，去琢磨语言的千锤百炼之后所呈现的润泽、力量和奇异神采的，是孙犁和他的小说。……

　　我想，我很久没有读孙犁先生的小说了，当今中国文坛很久以来也少有人神闲气定地读孙犁了。春天的时候，我因为写作关于《铁木前传》插图的文章，重读了《铁木前传》。我依然深深地受着感动。原来这部诗样的小说，它所抵达的人性深度是那么刻骨；它的既节制又酣畅的叙述所成就的气质温婉而又凛然；它那清新而又讲究的语言，以其所呈现的朴素大美使人不愿错过每一个字。当我们回顾《铁木前传》的写作年代，不能不说它的诞生是那个时代的文学奇迹；而今天它再次带给我们的陌生的惊异和真正现实主义的浑厚魅力，更加凸显出孙犁先生这样一个中国文坛的独特存在。《铁木前传》的出版距今45年了，在45年之后，我认为当代中国文坛是少有中篇小说能够与之匹敌的。孙犁先生对当代文学语言的不凡贡献，他那高尚、清明的文字品貌对几辈作家的直接影响，从未经过"炒作"，却定会长久不衰地渗透在我们的文学生活中。

　　以我仅仅同孙犁先生见过四面的微薄感受，要理解这位大家是困难的。他一直淡泊名利，自寻寂寞，深居简出，粗茶淡饭，或者还给人以孤傲的印象。但在我的感觉里，或许他的孤傲与谦逊是并存的，如同他文章的清新秀丽与突然的冷峻睿智并存。倘若我们读过他为《孙犁文集》所写的前言，便会真切地知道他对自己有多少的不满。因此我更愿意揣测，在他的"孤傲"的背后始终埋藏着一个大家真正的谦逊。没有这份谦逊,他又怎能甘用一生的时间在苛刻地磨砺他所有的篇章呢。

本书作者说明:铁凝(现为中国作家协会主席)还是业余作者时,就受到孙犁的大力扶持和鼓励。孙犁说过:"我也写过一些女孩子,我哪里有你写得好!"《芸斋书简》共收致铁凝信 9 封。铁凝这篇追忆文章,从文学性看,抓住了访问对象孙犁的"套袖"这一外在特征,用以贯穿全文,饱含情韵,形神兼备;从思想性看,道出了引导她"去探究文学的本质,去领悟小说审美层面的魅力,去琢磨语言的千锤百炼之后所呈现的润泽、力量和奇异神采的","是孙犁和他的小说"。——这一段话,含义丰厚,值得探究。另外,还指出了中篇小说《铁木前传》的价值和地位。限于篇幅,这里仅仅从中摘录了很小一部分;读者如有兴趣,可参见《人民文学》2002 年第 11 期的原文。

高山仰止

贾平凹

宋安娜打来电话,告知孙犁先生在早上去世了。我站着闷了半天,心里十分悲痛,虽然前天有记者从天津也来电话说过孙犁先生在病危期,但我没有想到这么快。

孙犁先生真的就离开了文坛,离开了人间?我坐在椅子上反复地唠叨着,脑子里一幕一幕闪过的都是他的形象。当我还在乡下,是十多岁孩子的时候,读到的文学作品又深深喜欢,以至于影响我走上文学道路的就是孙犁先生的《白洋淀纪事》。当我仅仅是文学青年,在我不认识也毫不知晓的情况下,接连为我的散文写了评论的是孙犁先生。我一生专门去拜见的作家是孙犁先生。而通信最多的也是孙犁先生。20多年里孙犁先生一直在关注着我，给过鼓励，给过批评。他以杰出的文学作品和清正的人格使我高山仰止，我也以能认识他而为荣幸。

孙犁在中国文坛上是独特的。他的文字从年轻到晚年都堂皇行世。他曾经影响过几代文学青年。他的去世真正是文坛的巨大损失。我知道，他的去世会使无数的读者惋惜，也会让无数的作家叹息。我更坚信，孙犁这个名字，是不朽的，他留下的丰厚遗产将永存于中国现当代文学宝库。

刊于 2002 年 7 月 15 日《天津日报》

本书作者说明：全国著名作家贾平凹初登文坛、崭露头角时，孙犁作为一位大家，以其敏锐的艺术感受和充沛的热情，对其散文创作进行了多次的评论。从文字运用和美学风格上，都作了精到恰切的剖析。当初，贾平凹学习孙犁是相当自觉的，从孙犁作品汲取营养颇多。1982 年 4 月，孙犁所写的《再谈贾平凹的散文》是先生在这方面最有深度的代表作，值得重视。

这篇《高山仰止》，质朴而诚挚，言简而意赅，完全

从结实处说话。"高山仰止",语出《诗经·小雅·车辖》:"高山仰止,景行行止。"高山,比喻道德崇高;景行（háng）,大路,比喻做事光明正大。"止"在此为语气助词。翻译为白话文,即是:高山,供我们仰望啊,大道,供我们行走啊。此处的"高山仰止",表示对孙犁人品和文品的甚为仰慕。

我心中的孙犁

徐光耀

我一向认为，真正的作家，应该同时是思想家。否则，纵然叫作家，也是不完全的。所以，我并不把自己看成作家，我向往的是孙犁。

新时期以来，文坛上新潮涌起，浪卷涛飞，五花八门，各种"主义"铺天盖地，连我们多年信奉的现实主义，也挤到一边去了。但见喧哗吵嚷，奔腾吼叫，闹哄哄鱼龙混杂。弄得我这思想单一的人，眼花缭乱，甚至模糊了方向，找不到一个合理的解释。然而，孙犁平静地说，用不着大惊小怪，这都是历史和时代造成的必然，其出现是很自然的。言简意赅两句话，就使我安静而且理解了。还有作为创作方法的现实主义，我本人曾见过许多变化，什么"新"的，"革命"的，"社会主义"的，"后浪漫主义"的，等等，不一而足。至今仍有人在那里加三加四，非要给现实主义弄个这样那样的限制词不可。然而孙犁说，现实主义就是现实主义，它反映现实又随着时代前进，那些加上去的东西，本意中都已包括了，何苦再添加限制词呢？这话或许太简单，可你若稍许研究一下，就得承认，这确是一语破的，简要而单纯的大实话，再不必为此而烦扰自己了。

《红楼梦》这部经典小说，已成一门学问，万千学者为之写出一摞摞的皇皇大著，蔚为奇观。而《晚华集》中一篇《〈红楼梦〉杂说》，区区两千字，竟把《红楼梦》的时代背景、文化变迁、阶级关系、作者品格，及全书主旨的神髓精要，极其鲜明、精当地表达出来，足足抵得上一部长篇宏论，真是何等心胸，何等功力！

这只是几个例子，这样的事例还可以举出很多很多。而这些，倘不具有思想家素质，如何达得到。

至于孙犁的人品和文品，该说的话就更多了。从抗战起，到晚年出版《文集》止，所发文章，竟"敢"一字不改，比之"大师"及领导"大师"们的诸大家为何如？

当包装、炒作、发泼、撒娇、拉帮结伙、哥儿姐儿等等流风翻江倒海之时，孙犁不去北京开文代会，不羡慕领奖台，不出入大宾馆，躲着荣华利禄之场，张扬"文人宜散不宜聚"，独自站在时代的高岗之上，引吭高歌，宏大浩然正气。这又是怎样的气概！许多人都知道，孙犁能背诵自己不少的小说，奇怪吗？其他通通不说，单说文字，为什么他用字那么经济，却又那么准确、生动、丰富、优美，那么让人魂牵梦绕，回味无穷，若没有"歌颂人民精神世界中高尚的东西"的赤心，没有发自肺腑混着丝丝血泪的热诚，这可能吗？

孙犁已经82岁了，听说还能每天吃四两米面，三个鸡蛋，思维依然敏捷，就要同我们一起跃入新的千年，这怎不叫人高兴莫名，怎不叫人感谢老天给我们的幸运呢！

一九九四年十月十八日

本书作者说明：徐光耀（1925—　），河北雄县人，从晋察冀抗日根据地走出来的老作家，以《小兵张嘎》等作品饮誉文坛。与孙犁同一生肖，年龄小一轮。13岁参军、入党，真的身经百战。曾任河北文联主席。他的中后期，在文学思想、社会思想上，受孙犁的影响颇深；晚年，将孙犁视为自己的"精神支柱"之一，并写了数篇评论孙犁的力作。"燕赵多慷慨悲歌之士"的历史传统，和亲身涵养与积淀的正直品格与抗日革命精神，把这两位河北老作家紧紧地联系在一起。1990年初至1995年夏，孙犁致徐光耀书信共48封，对社会、文坛、写作、书法、收藏、养生等问题作了完全敞开胸怀的深层次的交流。孙犁视徐光耀为"故交""好人"。

这篇短文，内涵十分丰富，感情异常充沛，简要而精辟地介绍了孙犁的文品和人品。徐老的文集中，有一个小小的"孙犁论"系列。

孙犁简谱

1913 年　1 岁(虚岁,下同)

孙犁本年 5 月 11 日(癸丑年四月初六)出生于河北省安平县东辽城村。据说此地的原始住户是山西的移民。孙犁母亲缺奶,无以为哺。乃用蒸馍发酵煮粥,以之养育。孙犁后又患惊风。孙家世代务农,父亲孙墨池,兼做生意。到孙犁出生时,家境有所好转。乳名振海。

1919 年　7 岁

入本村小学。冬季,并上夜学。功课以习字、作文为重。

1922 年　10 岁

10 岁左右,从本村刘姓人家借读了《封神演义》《红楼梦》。

1923 年　11 岁

本年,由叔父骑驴带至伍人桥一人家,针刺手腕(连三年,清明日),惊风病乃愈。

1924 年　12 岁

本年,随父亲至安国县上高级小学。开始读文学刊物、书籍,多半是商务印书馆出版的。

1926 年　14 岁

考入保定育德中学。父亲送考,初考第二师范未取,不得已改考中学,其原因是中学学费高。初中为四年制。

1927 年　15 岁

本年休学一年,从寒假起。这一年革命军北伐,影响保定,学校有学潮,孙犁均未见。依照旧时早婚习俗,这年同本县黄城王氏订婚。

1928 年　16 岁

本年寒假后复学。作文课得国文老师称许,并屡次在校刊发表小说和短剧。除课程学习外,在校图书馆借阅文学作品。读了鲁迅和文学研究会作家的一些作品。

1929 年　17 岁

在校刊《育德月刊》上发表自己的第一篇短篇小说,是写一家盲人的不幸的。习作内容从同情和怜悯开始。国文老师,是对文体要求很严的谢采江先生。本年与王氏结婚。

1931 年　19 岁

升入本校高中,为普通科第一部,类似文科。课程有中国文化史、欧洲文艺思想史、名学纲要、中国伦理学史、中国哲学史、社会科学概论、科学概论、生物学精义等,知识大进。读政治经济学批判等经典著作,并作笔记。习作文艺批评。开始购书,并向刊物投稿。

攻读英文,又习作古文,均得佳评。高中的国文老师是华北有名的古文家孙念希先生,教了两年。孙犁写的都是古文,受到老师的好评。此种训练,为他日后母语修养打下了坚实的基础,又与他后来成为语言大师密切相关。

"九一八"事变。

1933 年 21 岁

本年高中毕业。高中读书时,同班张砚方为平民学校校长,聘孙犁讲国文课。孙犁喜欢班上的王淑同学,有通信关系。这是国难当头、思想苦闷,于苦雨愁城的读书时期一段无结果的初恋故事。

1934 年 22 岁

春间赴北平谋事。父亲托人代谋市政府工务局一雇员职。不适应,屡请假,局长易人,乃被免职。后又经父亲托人,在象鼻子中坑小学任事务员。在此期间,继续读书,投稿略被采用。

1935 年 23 岁

在象鼻子中坑小学任事务员一年后,辞职。此段时间,有时家居,有时在北平。手不释卷,练习作文。

1936 年　24 岁

暑假后,经同学侯士珍、黄振宗介绍,到安新县同口小学教书。同口为一大镇,在白洋淀边。有余钱托邮政代办所从上海购新书,深夜读之。讲课,除课文以外,多选进步作品。纪念"五四",曾作讲演,并编剧演出。

"一二·八"事变。

1937 年　25 岁

暑假归家,"七七"事变,又值大水,不能返校。冬,应同事侯聘之(河北游击队政治部主任)之邀,往肃宁。见杨队长的队伍"实不整饬",翌日侯托吕正操一阎姓参谋长带孙犁至安国县,见阎素、陈乔、李之琏等过去朋友,了解抗日情况。后随父亲回安平,适逢吕正操之司令部安在安平县黄城一带。李之琏、陈乔到家来访,并作动员。事后,孙犁编国内外进步诗人作品集《海燕之歌》,后在安平铅印出版。又在路一主编的《红星》杂志上发表《现实主义文学论》等文,在《冀中导报》发表《鲁迅论》。

1938 年　26 岁

春,冀中成立人民武装自卫会,史立德任主任,孙犁任宣传部长。李之琏介绍,算是正式参加抗日工作。

8月,冀中于深县成立抗战学院,孙犁被聘为教官,讲抗战文艺及中国近代革命史。年底,敌人占据主要县城,学院疏散,孙犁带一流动剧团北去,随冀中各团体行动。形势紧张,草木皆兵。一段时间,每夜深,与陈肇开收音机收抄新闻。在深县隐蔽过。

1939 年　27 岁

分配至晋察冀通讯社工作,地址在阜平。冬,赴雁北采访。

1940 年　28 岁

晋察冀边区文联成立,调边区文协工作。编辑期刊《山》《鼓》(《晋察冀日报》副刊)。

1941 年　29 岁

本年协助王林编《冀中一日》,利用材料写《区村、连队文学写作课本》,即后来铅印本《文艺学习》。本年,妻子怀孕,后生小达。

1942 年　30 岁

春末回路西文联岗位。此年冀中敌人“五一大扫荡”。冬季文联解散,调《晋察冀日报》编副刊。不久,又调联大教育学院高中班教语文。本年,长子孙普患病夭折。

1943 年　31 岁

冬季,敌人"扫荡"3 个月。孙犁在山西繁峙患病,在篙儿梁养病。

1944 年　32 岁

返回学院,得到通知:"明日去延安。"在延安鲁迅艺术文学院工作和学习。

1945 年　33 岁

发表了《荷花淀》《芦花荡》《麦收》等作品。日本投降,年末回到冀中,下乡从事写作。参加土地改革。

1946 年　34 岁

春末,离开蠡县,来到河间。区党委让孙犁主编《平原杂志》,出了 6 期。写了《钟》《碑》《嘱咐》等小说。本年父亲病逝。

1947 年　35 岁

春,随吴立人、孟庆山去安平一带检查工作,写《"帅府"巡礼》等文。夏,随工作团在博野县参加土改试点。冬,土改会议上,孙犁被"隔离"。《冀中导报》发表批判孙犁文章。初被歧视,后亦无他。

1948 年　36 岁

春,由小区分配到大官亭主持工作。夏,工作组结束,留在张岗写了几篇小说。秋,参加石家庄文艺会议。后调任深县县委宣传部副部长,有机会接触实际。

1949 年　37 岁

1 月,奉命集合于胜芳镇,为筹办《天津日报》作准备。在此写小说《篙儿梁》。进城后,任《天津日报》副刊科副科长,办副刊,培养青年作者。发表中篇《村歌》,短篇《采蒲台》《吴召儿》,及散文和评论多篇。

1950 年　38 岁

长篇小说《风云初记》第一集在《天津日报》开始连载,发表短篇小说《山地回忆》《正月》《看护》等。

1951 年　39 岁

长篇小说《风云初记》第一集单行本出版,10 月访苏。

1952 年　40 岁

发表访苏文章《托尔斯泰》等多篇。

1953 年　41 岁

《风云初记》第二集由人民文学出版社出版。发表散文《杨国元》《访旧》《婚俗》等,美学论文《论情节》《论风格》等。

1954 年　42 岁

发表《红楼梦的现实主义成就》等两篇红学研究论文,及其他文章数篇。

1955 年　43 岁

发表反映天津新生活的散文《妇女的路》《刘桂兰》《青春的热力》等。

1956 年　44 岁

中篇小说《铁木前传》初夏完稿,以头条位置刊于本年第 12 期《人民文学》。本年 3 月的一天,午睡起来摔倒,左面颊碰在书柜把手上,碰破一道口子,流血不止,送到医院缝合。病中,草草写完第 20 节。不久,孙犁到济南、南京、上海、杭州等地旅行,往返近半个月。后在天津住院几个月,又从家里搬到睦南道招待所住了几个月,均不见效。

1957 年　45 岁

春,住进北京红十字医院,不久又转到昌平小汤山疗养院。病情稍有好转。在广播上,听到了对丁玲的批判。

1958 年　46 岁

1 月,由小汤山转到青岛的疗养院。每星期,有车进城里,孙犁专逛书店,买了不少丛书集成的零本,看完寄回家中。本年母亲去世。

1959 年　47 岁

春节后,转到太湖疗养。在此才知道了社会上的饥饿、"除四害"、大炼钢铁的一些情况。短篇小说集《荷花淀》由人民文学出版社出版,中篇《铁木前传》由百花文艺出版社出版。

1960 年　48 岁

养病回来,开始大量购买古籍,想当藏书家。1958至 1960 年,仅写了几首诗歌。经过几年的疗养,病慢慢地好起来了。

1961 年　49 岁

养病,读书。小说集《村歌》由人民文学出版社出版,收入《村歌》《铁木前传》和《荷花淀》等 24 篇(部)小说。

1962 年　50 岁

上年底至本年上半年,文艺政策有所调整。孙犁写了回忆性散文《回忆沙可夫》《清明随笔》和《黄鹂》《石子》两篇病期琐事,又写多篇作品集或作品的后记。与冉淮舟通信,商谈和指导自己作品集的编辑。小说散文集《白洋淀纪事》和散文集《津门小集》出版。

1963 年　51 岁

为几本初版、新版作品集写序跋。社会上大抓阶级斗争,孙犁停止创作。本年,《风云初记》一、二、三合本由作家出版社出版。

1964 年　52 岁

本年无创作,仅写了三篇创作谈。诗集《白洋淀之曲》由百花文艺出版社出版。

1965 年　53 岁

发表散文《烈士陵园》于《人民日报》。

1966 年　54 岁

春夏之交,孙犁的家被抄,后又被抄多次。夏秋之交,孙犁被揪斗,受辱,自杀未遂。

1967 年　55 岁

被报社造反派扫地出门,强制搬到工人居住区的两间小房。孙犁被关押在大院后楼,行动受到监视。

1968 年　56 岁

去干校劳动改造。种地、看牛,干杂活。

1969 年　57 岁

干校结束,"牛棚"解散,回到报社。

1970 年　58 岁

4 月 15 日,妻子王小丽病逝。

1971 年　59 岁

本年被宣布"解放",被允许到文艺组上班,做的是见习编辑的事情。

1972 年　60 岁

搬回原住处。经魏姓军队作家介绍，与张女士结婚。被要求参与搞样板戏，孙犁采用一个"金蝉脱壳"之计应付了。本年，去了一趟白洋淀，亲睹农村的凋敝和混乱。

1973 年　61 岁

虽已搬回原处，然身处逆境。除上班，"闭户整书，以俟天命"。

1974 年　62 岁

仍上班，其余工夫皆用于修整发还的藏书。院中大乱，心情黯淡，有人生若梦之感。春赴北京探望老友。于《书衣文录》中，发出不少人生感叹，记录自己的心路历程。

1975 年　63 岁

本年春，与张女士离婚。《书衣文录》记下了此方面的一些心理活动。

1976 年　64 岁

上年与本年，《书衣文录》的批判锋芒增强。觉得自己百无聊赖，日深一日，四顾茫然。秋季地震，住防震棚。10 月间，粉碎四人帮，欣喜得新生。12 月，写散文《远的怀念》。

1977 年　65 岁

本年写散文《伙伴的回忆》《保定旧事》《回忆何其芳同志》,小说系列谈 3 篇及其他文章多篇。

1978 年　66 岁

发表散文《童年漫忆》《吃粥有感》等,作品序跋、自述和评论多篇。秋,承好友李季邀请,赴北京参加文艺界一个会议。

1979 年　67 岁

发表散文"梦的系列"3 篇,为方纪、阿凤、克明、万国儒、刘绍棠作品集写序,发表红学论文《〈红楼梦〉杂说》。新时期第一部散文集《晚华集》出版。

1980 年　68 岁

发表散文《夜思》《悼念李季同志》《乡里旧闻》(二、三),《耕堂读书记》(一至五),《读作品记》(一至三),评论《文学和生活的路》等。

1981 年　69 岁

发表《读作品记》(四至六),序跋、评论、书简多篇(封),《小说杂谈》10 篇,《芸斋小说》4 篇。《秀露集》《澹定集》由百花文艺出版社出版。11 月 22 日,吕正操会见孙犁。

1982 年　70 岁

发表《芸斋小说》3 篇,《乡里旧闻》5 篇,《芸斋琐谈》多篇,《小说杂谈》多篇,《文林谈屑》多篇,序跋、书信、评论多篇(封)。《尺泽集》《耕堂散文》出版。

本年 5 月间,丁玲、陈明夫妇专程从北京来天津,到家中探望孙犁。

1983 年　71 岁

发表散文《牲口的故事》《猫鼠的故事》《吃饭的故事》等,《乡里旧闻》两篇,《芸斋小说》3 篇,《文林谈屑》多篇,《芸斋琐谈》多篇。

1984 年　72 岁

发表《芸斋小说》5 篇,《病期经历》3 篇,读书记、杂谈、评论、书信多篇(封)。《远道集》《孙犁散文选》出版。

1985 年　73 岁

发表散文《钢笔的故事》《悼念田间》《晚秋植物记》等篇;《小说杂谈》多篇;《芸斋琐谈》多篇;读书记、评论、书信数篇(封)。

1986 年　74 岁

发表《鱼苇之事》("芸斋小说");论文《关于传记文学的通信》《创作随想录》《散文的虚与实》等;《风烛

庵文学杂记》3 篇；《芸斋琐谈》多篇；书信多封。《老荒集》出版。

1987 年　75 岁

发表《芸斋小说》7 篇；散文《告别》《鸡叫》《小同窗》；读书记多篇，书信多封。《陌巷集》出版。

1988 年　76 岁

发表《罗汉松》《石榴》《续弦》3 篇"芸斋小说"；散文两篇；书信多封。《耕堂序跋》《耕堂读书记》出版。

1989 年　77 岁

发表散文《悼曼晴》《记邹明》《我留下了声音》等 6 篇。《无为集》出版。

1990 年　78 岁

发表散文《记春节》《楼居随笔》《记陈肇》等；读书记《读史记(上、中、下)》等；《庚午文学杂记》5 篇；《耕堂读书随笔》4 篇。《芸斋小说》出版。郭志刚等著《孙犁传》出版。

1991 年　79 岁

发表《心脏病》《忆梅读易》《故园的消失》《无题》等 4 篇"芸斋小说"；《耕堂题跋》6 篇；散文《悼康濯》《暑期杂记》(4 篇)，并书信 10 余封。

1992 年　80 岁

发表散文《残瓷人》《新春怀旧》《我的绿色书》《秋凉偶记》等；文艺随笔、读书记、书信多篇（封）。入冬以来，心脏病、肠胃病又犯。

本年夏，著名导演谢晋访孙犁。

1993 年　81 岁

春节后，病情急转直下，住院动手术，切除胃之大部分（病症为胃癌）。病后每天只看《参考消息》和《天津日报》，另外研究鲁迅晚年书信。

1994 年　82 岁

术后身体恢复较好。本年因"病句"事件打笔墨官司，写了《"病句"的纠缠》等系列论战文章。发表《读画论记》《甲戌理书记》，致友人徐光耀、韩映山、邢海潮书信多封。本年春，贺敬之等 10 余名老作家访问孙犁。

1995 年　83 岁

发表散文《记秀容》，续写《理书续记》《理书三记》《理书四记》《读清代文字狱档记》；致友人书信多封。5 月间抄写完成《理书四记》后，再未写一篇文章。算是封笔了。

1998 年　86 岁

本年 6 月,《芸斋书简》上下两册由山东画报出版社出版。刘宗武编《书衣文录》、金梅编《孙犁自叙》出版。

1999 年　87 岁

住院治疗。春,从维熙、房树民专程从北京来天津,往医院看望老师孙犁。《耕堂劫后十种》(晚年所写 10 部散文集)由山东画报出版社于 9 月出版。

2000 年　88 岁

住院。《孙犁小说全集》出版。

2001 年　89 岁

住院。10 月 16 日,铁凝到医院看望孙犁。

2002 年　90 岁

6 月 22 日,孙犁创作研讨会在白洋淀举行。

7 月 11 日早晨 6 时逝世。7 月 15 日,各界人士及孙犁生前的同仁、读者朋友、亲属在天津第一殡仪馆送别这位人民文学家。李瑞环、丁关根、曾庆红、巴金、胡启立和杨成武、吕正操等同志,分别以不同的方式对孙犁同志的逝世表示沉痛哀悼。

图书在版编目(CIP)数据

阅读孙犁 / 阎庆生著. — 南京:南京大学出版社,
2011.7

(走近中学语文课本里的作家)
ISBN 978 - 7 - 305 - 08276 - 4

Ⅰ. ①语… Ⅱ. ①阎… Ⅲ. ①中学语文课－课外读物
②孙犁(1913～2002)-生平事迹 Ⅳ. ①
G634.303②K825.6

中国版本图书馆 CIP 数据核字(2011)第 054013 号

出版发行　南京大学出版社
社　　址　南京市汉口路 22 号　　邮　　编　210093
网　　址　http://www.NjupCo.com
出版人　左　健
丛书名　走近中学语文课本里的作家
书　名　阅读孙犁
著　者　阎庆生
责任编辑　纪玉媛　　　编辑热线　025 - 83621412
照　排　南京南琳图文制作有限公司
印　刷　江苏凤凰印务有限公司
开　本　787×1092　1/32　印张 7.625　字数 117 千
版　次　2011 年 7 月第 1 版　　2011 年 7 月第 1 次印刷
ISBN　978 - 7 - 305 - 08276 - 4
定　价　16.00 元

发行热线　025 - 83594756　83686452
电子邮箱　Press@NjupCo.com
　　　　　Sales@NjupCo.com(市场部)